AF138715

William Walker Atkinson (Pseud. Yogi Ramacharaka) veröffentlichte in den Jahren 1904/1905 den *„Advanced Course in Yogi Philosophy and Oriental Occultism".* Dieses Grundlagenwerk, das als Fortsetzung seiner *„Fourteen Lessons in Yogi Philosophy and Oriental Occultism"* erschien, begründete die Stellung Atkinsons als Übermittler der ursprünglichen orientalischen Weisheitslehren, auf denen so gut wie alle späteren westlichen spirituellen Strömungen beruhen.
Seine Fähigkeit, die Bedeutung der einzelnen Themen in die Gegenwart zu übersetzen, ohne dabei die Verbindung zur Quelle dieser jahrtausende alten Philosophie Indiens zu unterbrechen, zeichnet sämtliche Werke von W. W. Atkinson aus und kommt auch in dieser erstmals in deutscher Sprache veröffentlichten Abhandlung über „DHARMA" deutlich zum Ausdruck.
Präzise und in überraschender Vielfalt erklärt Atkinson die Zusammenhänge und den Ursprung unserer Ethik, Moral und Verhaltenskodizes der letzten Jahrtausende, die sich gemeinsam in der Lehre des „DHARMA" versöhnt zeigen.

William Walker Atkinson

DHARMA
Wurzeln der Ethik

Aus dem Englischen von Daniela Latzko
Deutschsprachige Erstausgabe
1. Auflage

Bibliografische Information der Deutschen Nationalbibliothek:
Die Deutsche Nationalbibliothek verzeichnet diese Publikation in der
Deutschen Nationalbibliografie; detaillierte bibliografische Daten sind im
Internet über *dnb.dnb.de* abrufbar.

© 2019 Daniela Latzko

Herstellung und Verlag:
BoD – Books on Demand, Norderstedt.

ISBN: 9783734789199

DHARMA

Das Wort DHARMA ist ein Begriff aus dem Sanskrit und wird üblicherweise mit Worten wie Tugend, Pflicht, Gesetz oder Rechtschaffenheit übersetzt. Doch keiner dieser Begriffe kann die exakte Bedeutung von „Dharma" vollständig übermitteln. Daher werden wir diese Definitionen um einen Begriff erweitern, der unserer Auffassung nach der Bedeutung von „Dharma" wesentlich besser gerecht wird. „Dharma" bedeutet „richtig handeln." Um genauer zu werden, können wir sagen, dass Dharma die Regel des Handelns und Lebens darstellt, die unter den gegebenen Lebensumständen des Individuums den nächsten Entwicklungsschritt dieser individuellen Seele am besten unterstützt. Wenn wir vom Dharma eines Menschen sprechen, dann meinen wir die jeweils höchst stehende Handlungsweise in Anbetracht seines Entwicklungsgrades und der unmittelbaren Bedürfnisse seiner Seele.
Wir sind der Überzeugung, dass dieses Thema durchaus zeitgemäß ist und den Ansprüchen unserer Studenten gerecht wird. Von allen Seiten hören wir die ewige Frage: „Was ist richtig?" Die üblichen Antworten sind jedoch nicht wirklich zufriedenstellend, sie sind veraltet und bestehen oft aus reinen Formalismen und räumen der Befolgung von vorgefassten Anleitungen einen genauso großen, wenn nicht sogar höheren Stellenwert ein, wie richtigem Handeln und richtigen Denken. Der fortgeschrittene Student erkennt

die Absurdität der alten Unterscheidungen von „richtig und falsch" und weiß, dass vieles, was als „falsch" angeprangert wurde, aus reiner Willkür als „falsch" bezeichnet wurde und dass dieselben Beweggründe der Beurteilung vieler „richtiger" Dinge zugrunde liegen. Er erkennt, dass das, was als richtig und falsch erachtet wird, offenbar je nach Längengrad und Breitengrad variiert und dass auch im Laufe der Jahrhunderte und Jahrtausende die Anschauungen darüber einem permanenten Wandel unterworfen waren und immer noch sind. Sie wurden modifiziert, verbessert oder verworfen. Daher ist der Student im Bezug auf einen ethischen Code eher verwirrt – er hat die alten Messpunkte und Standards nicht mehr zur Verfügung und ist mit der Beurteilung überfordert, was nun richtig und was falsch sei. Seine Seele verwehrt sich zunehmend gegen veraltete Vorschriften, die je nach Auslegung, dieses oder jenes als richtig oder falsch diktieren und betrachtet diese als unvernünftig, dogmatisch und inadäquat im Bezug auf die gegenwärtigen Bedürfnisse. Auf der anderen Seite findet der Student durch neue Glaubenssätze, wie: „Alles ist Gut!" ebenso wenig Befriedigung, wobei diese zudem meist von jenen inbrünstig gepredigt werden, die von der Bedeutung dieser Worte nicht die leiseste Ahnung haben. Sein Gewissen sagt ihm deutlich, dass bestimmte Verhaltensweisen „richtig" und andere „falsch" sind (obwohl er seine Meinung vielleicht nicht begründen kann). All das trägt zur Verunsicherung des Studenten bei.
Doch damit nicht genug: Er muss zur Kenntnis nehmen, dass das, was für ihn „richtig" ist, bei einigen Menschen in seiner Umgebung absolutes Unverständnis auslöst. Sie sind spirituell noch nicht so fortgeschritten und können seinen

Standard und seine hohen Ideale daher auch nicht begreifen. Er sieht zudem, dass manche Dinge, die er als bestmöglich und natürlich für jene Menschen in seiner Umgebung erachten würde (das heißt, besser als die, die sie bisher gemacht haben), für ihn wiederum „falsch" wären, denn für ihn, den schon fortgeschritteneren Menschen, würden diese Dinge einen Rückschritt bedeuten. Er sieht, dass die Motive dieser noch nicht soweit entwickelten Menschen für die Ausführung ihrer „richtigen" und die Unterlassung der „falschen" Handlungen, zu einem Großteil in den Versprechungen auf Belohnung und Androhungen von Strafen zu finden sind. Das erscheint für jemanden, der an das richtige Handeln, allein um des richtigen Handelns willen glaubt, ausgesprochen unangebracht und selbstsüchtig. Trotzdem muss er anerkennen, dass diese Menschen offenbar noch künstliche Stimuli bzw. Abschreckungen benötigen, da sie noch nicht in der Lage sind, die höheren Ideale der Ethik wahrzunehmen und zu begreifen.

Diese und zahllose andere Fragen tauchen auf, sie fordern und verunsichern den Studenten in dem Maße, dass es ihm vorkommt, als löse sich der Boden unter seinen Füßen auf, noch bevor er neues Land betreten kann. Wir sind der Ansicht, dass dem Studenten diese kleine Lektion über Dharma behilflich sein wird, auf seinem Weg zu bleiben – auch wenn manche Passagen vom Unterholz so verdeckt sind, dass er momentan Mühe hat, die Wegrichtung zu erkennen. Die Materie in ihrer Gesamtheit ist zu groß, um ihr auf wenigen Seiten gerecht werden zu können, jedoch hoffen wir, die wesentlichsten Prinzipien soweit verständlich darzulegen, dass diese vom Studenten aufgegriffen und in seiner eigenen Logik ausgearbeitet werden können.

Werfen wir nun einen kurzen Blick auf die Grundfragen der Ethik und auf einige Theorien, die sich mit diesem Thema befassen. Ethik ist als „Wissenschaft der Verhaltensnormen" definiert, die das Ziel verfolgt, die Beziehungen des Individuums mit seinen Mitmenschen harmonisch zu gestalten. In westlichen Lehren finden wir hauptsächlich folgende Richtungen der Ethik: (1) **Offenbarung**, (2) **Intuition** und (3) **Nützlichkeit**, wobei die Vertreter der jeweiligen Richtung klarerweise ihren Ansatz als den einzig wahren für sich reklamieren. Die Yogi Philosophie erkennt Wahrheit in allen drei Systemen und räumt daher allen einen Platz in der Lehre des Dharma ein. Um eine genauere Vorstellung von Dharma zu bekommen, müssen wir uns nun kurz mit diesen drei Richtlinien separat beschäftigen.

Das System der Ethik, das auf Offenbarung basiert, sieht als einzige Basis für Moral und rechtes Handeln die göttliche Offenbarung, die durch Propheten, Priester und Lehrer überbracht wird. Die Regeln, die sie von Gott erhalten und verkünden, wurden von verschiedensten Völkern einer bestimmten Entwicklungsstufe mehr oder weniger unterwürfig befolgt, obwohl ihre Vorstellungen von Gott zum Teil markante Unterschiede aufwiesen. Die Grundzüge dieser Regeln hatten meist große Ähnlichkeiten, in Details und in Untergruppen der Regeln unterschieden sie sich allerdings oft deutlich voneinander. Die großen Religionsbücher aller Völker enthalten einen mehr oder weniger vollständigen Verhaltenskodex, der ohne großes Hinterfragen befolgt werden sollte, da die Interpretation dieser Kodizes einzig und allein den religiösen Autoritäten vorbehalten war. Jedes Volk erachtete naturgemäß die Regeln, die auf ihrer eigenen Religion basierten, als die einzig richtigen und sah in Vorschriften ähnlichen Inhalts, die in Büchern anderer Religionen und Völker zu finden waren, Nachahmungen ihres Originals. Die meisten Religionen spalteten sich im Lauf der Zeit in verschiedene Sekten und Untergruppen auf, wobei jede wiederum ihre eigene Interpretation der heiligen Lehren pflegte, jedoch beriefen sie sich in Bezug auf Ethik weiterhin auf die ursprüngliche Offenbarung als die einzig wahre. In weiterer Folge modifizierte aber jede Kultur das Konzept ihrer überlieferten Offenbarungen und passte ihre Ideen den veränderten Bedürfnissen der jeweiligen Zeit an. Wenn sich eine Kultur entwickelt, verlangt sie Veränderung; sie braucht Veränderung. Die heiligen Lehren werden dann so lange gedreht und gewendet, bis sie wieder zu den veränderten Bedingungen passen. Priester sagen in solchen Fällen, dass Gott zweifellos dieses oder jenes „in diesem Sinne" gemeint habe und nicht „jenem Sinne", wie die Vorväter vermutet hatten. Nach einiger Zeit beruht die Autorität der ethischen Kodizes zunehmend auf den Interpretationen von Priestern und Lehrern und kaum noch auf den Worten jener göttlichen Offenbarungen, die diesen Interpretationen zugrunde liegen. Die Anhänger der beiden anderen ethischen Richtungen *(Intuition und Nützlichkeit)* halten dem entgegen, dass Gott, wenn er wirklich beabsichtigt hätte, einen allgemein gültigen ethischen Code zu offenbaren – eine Regel des rechten Handelns – anwendbar für alle, zu allen Zeiten, ihn in der Art und Weise kundgetan hätte, dass die Regeln so klar und unmissverständlich wären, dass diese selbst von den unwissendsten Menschen verstanden werden könnten. Darüber hinaus hätte er natürlich in seiner Weisheit die wachsenden Bedürfnisse der Menschen vorausgesehen und durch die Art der Formulierung der Offenbarung oder durch passende Ergänzungen die entsprechende Vorsorge getroffen. Wir werden das Für und Wider dieser Theorie ein wenig später näher beleuchten.

Das zweite System der Ethik bevorzugt die Theorie, dass der Mensch intuitiv weiß, was richtig und falsch sei – dass die Gottheit über das Gewissen jedem Menschen das instinktive Wissen von Gut und Böse übermittelt, sodass der Mensch in der Lage ist, sich selbst zu führen. Diese Denkschule fordert den Menschen dazu auf, in allen Handlungen seinem eigenen Gewissen zu folgen. Sie lässt allerdings außer Acht, dass kein Gewissen dem anderen gleicht und somit die Vielfalt der moralischen Standards so groß wird, wie die Anzahl der Personen. Die Behauptung: „Mein Gewissen befürwortet dies", würde somit jede ernstzunehmende Debatte in Bezug auf Ethik schon im Ansatz zunichtemachen. Über die Definition des Begriffes „Gewissen" herrscht überdies keine Einigkeit. Manche sagen, es sei der höhere Teil des menschlichen Bewusstseins, der zu ihm spricht. Einige sehen darin das Unbewusste, aus dem abgespeicherte Suggestionen abgerufen werden – folglich wäre das Gewissen, durch den Einfluss wachsender Erfahrung und veränderter Lebensumstände, keine konstante Größe. Für andere wiederum ist das Gewissen die Stimme Gottes, die zur Seele spricht – und das waren bei weitem noch nicht alle existierenden Theorien und Denkansätze.

Das dritte System der Ethik beruht auf der Theorie der Nützlichkeit und ist als Utilitarismus bekannt und wird wie folgt definiert: „Tugend basiert auf Nützlichkeit", oder: „Das Ziel aller sozialen und politischen Institutionen sollte größtmögliches Glück für möglichst viele sein." *(Webster)* Auf dieser Denkschule der Ethik basiert unser Rechtssystem. Blackstone, der große Gelehrte der englischen Rechtswissenschaften sagt, dass die Gesetze der Menschen auf den „Gesetzen der Natur" basieren und diese wiederum auf Gesetzen Gottes – auf ewigen, unveränderbaren Gesetzen von Gut und Böse – deren Verständnis der Schöpfer dem Menschen durch die Gabe der Vernunft zugänglich macht. Er führt diesen Gedanken aus, indem er sagt: „Dieses Gesetz der Natur ist so alt wie die Menschheit selbst und stammt direkt von Gott. So ist es jedem anderen überlegen; kein anderes Gesetz hat Gültigkeit, sobald es im Widerspruch dazu steht. Jene Gesetze, die Gültigkeit und Autorität erlangen, erhalten diese direkt oder indirekt durch ihren Ursprung im Göttlichen Gesetz." Das alles mutet schön und einfach an und verleitet zu der Frage, warum unsere Zivilisation nicht dem Himmel auf Erden gleicht. Die Antwort findet sich bald bei genauerer Betrachtung unserer modernen Gesetzgebung und Rechtsprechung, die aus der Gesetzgebung und deren Anwendung früherer Tage hervorging. So einfach es ist, von einem „Gesetz der Natur" zu sprechen, so schwer ist es, es auf die Details des täglichen Lebens anzuwenden und umzusetzen. Blackstone selbst erkannte diese Tatsache und sagt: „Wäre unsere Vernunft immer klar und fehlerlos, wäre es wohl ein einfaches Unterfangen; wir bräuchten keine weitere Anleitung. Doch die Erfahrung lehrt uns etwas ganz anderes: Die Vernunft ist anfällig und der Verstand voller Irrtümer und Unwissenheit." Ein erfahrener Jurist wird diesen letzten Bemerkungen des englischen Juristen wohl beipflichten, denn obwohl die Gesetzgebung eines Landes den Durchschnitt der jeweils höchsten ethischen Konzepte repräsentiert, kann man beobachten, dass diese Konzepte einem rascheren Wandel unterworfen sind, als die Gesetzgebung selbst - im Vergleich mit der öffentlichen Meinung und den Konzepten von „richtig" und „falsch" hinkt sie ihrer Zeit immer ein wenig hinterher. Darüber hinaus ermöglichen viele „Schlupflöcher" im Rechtssystem skrupellosen Rechtsbrechern ungehindert nahezu jedes Verbrechen gegen die vorherrschende Moral zu begehen — vorausgesetzt, sie machen es clever genug. Einige haben ihren eigenen ethischen Kodex, der besagt, dass nichts Falsches oder Unrechtes begangen wird, solange kein bestehendes Gesetz im technischen Sinn gebrochen wird. In diesem Sinne werden dann mithilfe findiger Juristen Pläne geschmiedet und verwirklicht, ohne die Buchstaben des Gesetzes de facto zu verletzen, oder kurz gesagt: Gewissensruhe durch Gefahrenvermeidung.

Es gibt eine ausgesprochen leichte und einfache Verhaltensregel für alle, die in der Lage sind, danach zu leben: Justinian, der große römische Gesetzgeber reduzierte die Leitlinien menschlicher Rechtsnormen auf drei wesentliche Grundsätze: „Lebe aufrichtig; verletze niemanden; gewähre jedem das Seine." („honeste vivere, alterum non laedere, suum cuique tribuere". Anm. d. Übers.) Das ist ein wunderschöner und einfacher Codex, dessen ernsthafte

Anwendung die Welt von einem Tag zum anderen völlig verändern würde. Allerdings neigt nahezu jeder Mensch dazu, jedem dieser drei Prinzipien seine eigenen Interpretationen überzustülpen und diese zu seinen eigenen Gunsten und zum Nachteil seiner Mitmenschen auszulegen. So wie unsere Welt beschaffen ist, kann kaum jemand darüber Auskunft geben, was „lebe aufrichtig, verletze niemanden und gewähre jedem das Seine" bedeutet – oder überhaupt sagen, was „das Seine" eines jeden sei. Ungeachtet dessen sind die Prinzipien Justinians im Sinne einer dem Verstand und der Vernunft entspringenden Ethik und Verhaltensrichtlinie ausgesprochen bemerkenswert, kommen sie doch in ihrer ernsthaften Anwendung der Ursprungsidee so nahe, wie nur irgend möglich. Sie sprechen jene Menschen an, die instinktiv das Bedürfnis haben, jedem gegenüber ein faires Verhalten an den Tag zu legen, ohne sich der höheren Ebenen dieses Prinzips bewusst zu sein. Doch auch diejenigen, die disponiert sind, nach den justinianischen Regeln zu leben, werden über kurz oder lang ihre Mitmenschen nicht zufriedenstellen können, sobald diese auf der Einhaltung bestimmter, oft völlig lächerlicher Verhaltensweisen beharren, sei es aus Gewohnheit oder Folgsamkeit gegenüber religiösen oder weltlichen „Autoritäten". Innerhalb der Anhängerschaft des Utilitarismus gibt es wiederum die unterschiedlichsten Erklärungen in Bezug auf Ursprung und Geschichte der Ethik und der menschlichen Verhaltensregeln. Manche erkennen darin Gott, der durch die menschliche Vernunft spricht, andere haben einen materiellen Zugang und sehen Ethik, Gesetze, Moral und Verhaltensregeln als Produkt der Evolution, als Summe der Menschheitserfahrungen und als den aus unzähligen Versuchen resultierenden gemeinsamen Nenner an. Für die Vertreter der eben genannten Sichtweise sind Moral und Verhaltensnormen ausschließlich Ergebnisse des menschlichen Verstandes und stehen in keinem Zusammenhang mit göttlichen Gesetzen oder spiritueller Erkenntnis. Herbert Spencer, der große englische Wissenschaftler ist vielleicht der beste Vertreter dieser Denkrichtung. Sein Werk *„Prinzipien der Ethik" („The Data of Ethics")* ist ein Meisterstück auf diesem Gebiet.

Dharma berücksichtigt alle Aspekte aller drei Schulen der Ethik. Jeder einzelne Aspekt und jede Denkschule hat ein Stück Wahrheit in sich. Vermengt mit dem Bindemittel der okkulten Lehren werden sie alle gemeinsam zu einem großen Ganzen. Wir werden zeigen, wie diese scheinbar miteinander in Widerspruch stehenden Denkrichtungen miteinander versöhnt werden können. Aber davor werfen wir noch einen genaueren Blick auf alle drei Schulen, analysieren die Widersprüche innerhalb jedes einzelnen Systems, zeigen ihre Schwachstellen auf und stellen im Gegenzug ihre Stärke gegenüber, die in dem Augenblick entsteht, in dem sie miteinander vereint und mit den Lehren des Dharma verbunden werden.

(1) DIE THEORIE DER OFFENBARUNG.
Der grundlegendste Einwand, der von Anhängern der beiden anderen Theorien vorgebracht wird, ist das Fehlen eines gesicherten Beweises für die Authentizität einer Offenbarung. Priester reklamieren für sich, Sprachrohre des Allmächtigen zu sein und verkünden seit Jahrtausenden Gottes Wort in Form von Offenbarungen. Die Anhänger des Utilitarismus wenden hier ein, dass diese sogenannten

Offenbarungen (sofern sie überhaupt zum Wohle aller und nicht nur zum Wohle der Priester selbst dienen sollen), in Wahrheit dem der Masse überlegenen Verstand des Propheten selbst entspringen, der aufgrund seiner Führungsposition und Verantwortung für das Wohlergehen einer großer Gruppe von Mitmenschen einen mehr oder weniger vollständigen Verhaltenskodex erstellt, ihn aber als „von Gott empfangen" deklariert, um diesem Regelwerk die nötige Autorität zu verleihen.

Die Anhänger der Intuition wiederum halten dem entgegen, dass die sogenannten „Offenbarungen" in Wirklichkeit dem Gewissen und der Intuition des Propheten entstammen, dessen Entwicklungsgrad weit über dem der Masse liegt. Sein eigenes Gewissen wird so zum Sprachrohr des Göttlichen. Der durchschnittliche Mensch wiederum kann durch seine eigene Intuition die „Richtigkeit" einer sogenannten göttlichen Botschaft erkennen und annehmen, wenn sie mit seinem Gewissen vereinbar ist.

Ein anderer Einwand bezieht sich auf die Vielzahl an Offenbarungen, die zum Teil stark voneinander abweichen. Jede Religion hat ihre eigene Sammlung an Offenbarungen, ihre eigenen Propheten und Lehrer. Wenn Gott wirklich wollte, dass ein moralischer Kodex für die Menschheit enthüllt werden sollte, dann stünden diesbezügliche Offenbarungen sicherlich nicht im Widerspruch zueinander, sondern würden in einer unmissverständlichen Art und Weise überbracht werden. Darüber hinaus ist es unmöglich, aus der Vielzahl der Verkündungen diejenigen herauszufiltern, die maßgeblich sind, denn jeder der Propheten behauptet in gleich starker Weise, seine Botschaften direkt von Gott empfangen zu haben. Es gibt allerdings keine Instanz, die darüber entscheiden könnte. Auch beziehen sich viele der angeblich von Gott geforderten Verhaltensweisen nur auf Details des alltäglichen Lebens, wie zum Beispiel auf das Schlachten von Tieren oder auf die Abhaltung religiöser Zeremonien. Die Einhaltung dieser Regeln wird dann in gleichem Maße wie die allgemeinen ethischen Verhaltensregeln für eine exemplarische Darstellung von „richtig" und „falsch" herangezogen. Darüber hinaus werden in diesen sogenannten Offenbarungen für bestimmte Handlungen und Vergehen Strafen angeordnet, die mit heutigen Moralbegriffen nicht vereinbar sind. So ist die grausame und bestialische Ermordung von Feinden nach heute geltendem Völkerrecht verboten. Insofern scheint die Intuition und die Vernunft des Menschen also einem höheren Ideal zu folgen, als Gott selbst. Die Billigung von Polygamie und Sklaverei durch sogenannte Göttliche Offenbarungen und viele weitere Beispiele begründen also Einwände gegen die Theorie der Ethik, die auf Göttlichen Offenbarungen basiert. Der wesentlichste Einwand besteht allerdings darin, dass es keinerlei Beweise für diese Offenbarungen gibt; vielmehr sagt die Vernunft, dass diese Regeln ein Gemisch aus dem Verstand des jeweiligen Propheten und seinen persönlichen Absichten darstellen. Hier kann die Absicht, Ordnung und Wohlstand für die ihm anvertrauten Menschen zu sichern genauso eine Rolle spielen, wie der Wunsch, die Macht und die Autorität der Priesterschaft zu stärken und zu erhalten, wobei die eine Absicht die andere nicht ausschließt.

Die Yogi Philosophie erkennt in ihrer Dharma-Lehre all diese Einwände an und beantwortet diese in einer Form, die wir uns ein wenig später genau ansehen werden.

(2) DIE THEORIE DER INTUITION.

Der Einwand gegenüber dieser Theorie besteht hauptsächlich darin, dass der Einfluss auf das Gewissen durch Umgebung, Kulturkreis, Bildung, Temperament und Alter so enorm ist, dass beispielsweise eine Fliege zu töten, für den einen Menschen unmöglich ist, für einen anderen aber sogar das Töten eines Feindes mit seinem Gewissen vereinbar ist. In den Augen des einen ist es falsch, sein Habe nicht mit einem Fremden zu teilen und generell Besitz alleine für sich selbst zu beanspruchen, während für es für einen anderen (z. B. für einen Taschendieb in einem zwielichtigen Stadtviertel) völlig normal ist, alles in seiner Reichweite an sich zu nehmen; – ja, er macht sich sogar regelrecht Vorwürfe, wenn er eine gute Gelegenheit nicht genützt hat. Das Gewissen mancher Krimineller ähnelt dem einer Katze, die ein Stück Fleisch stiehlt oder heimlich an der Sahne nascht. Die einzige Abschreckung besteht in der Furcht vor Bestrafung. Demjenigen, der die menschliche Natur, die Völker und die Geschichte studiert, ist bewusst, dass das Gewissen zum überwiegenden Teil durch die Kultur in der jeweiligen Zeit, in der jeweiligen Umgebung und durch das individuelle Temperament geformt wird und er würde sich scheuen, das Gewissen eines einzelnen Menschen als sichere Quelle oder Autorität für einen moralischen Kodex für alle Menschen zu allen Zeiten heranzuziehen. Er erkennt, dass die Verhaltensregeln eines noch weniger entwickelten Menschen weit unter dem Niveau des durchschnittlichen Menschen unserer Zeit liegen. Ebenso würden die Gewissensäußerungen eines besonders hoch entwickelten Menschen mit den Ansichten des durchschnittlichen Menschen der heutigen Zeit nicht kompatibel sein; die Unterschiede im Denken und in der Lebensweise sind einfach zu groß.

Auch hat das „Gewissen" Menschen dazu veranlasst, Dinge zu tun, die für unser heutiges Gewissen völlig inakzeptabel sind. Menschen wurden auf dem Scheiterhaufen verbrannt, ihnen wurde die Zunge durchbohrt, sie wurden gequält, körperlichen und psychischen Foltern ausgesetzt und das alles auf Anordnung des Gewissens ihrer Verfolger; wobei sowohl die Verfolger als auch die Verfolgten in gleichem Maße von ihren Ansichten überzeugt waren. Würde man dem Prinzip des Gewissens vorbehaltlos folgen, würden die Handlungen des Gewissens der Mehrheit für die Minderheit der Bevölkerung sehr unangenehme Auswirkungen haben – und genau das hat sich in der Vergangenheit oft ereignet. Die Theorie, dass das Gewissen eine unfehlbare Führung darstellt, kann von ihren Gegnern auf vielfältigste Weise angegriffen werden.

Trotz allem sieht die Philosophie des Dharma, obwohl sie alle Einwände anerkennt, auch viel Wahres an der Theorie der Intuition bzw. des Gewissens und räumt ihr einen festen Platz in ihrem System ein, wie wir ein wenig später noch genauer beleuchten werden.

(3)DIE THEORIE DER NÜTZLICHKEIT.

Diese Theorie wird zumeist aus dem Grund heftig kritisiert, dass es eine selbstsüchtige Idee darstellt, die Basis der Moral im Glück anzusiedeln – Das Glück des Individuums in Abstimmung mit dem Glück der anderen, kurz gesagt: „Das größtmögliche Glück für möglichst viele."

Im Kern lautet der Einwand, dass so eine Grundlage die

höhere Bestimmung des Menschen ignoriert, da sie doch bloß die irdische und materielle Existenz betrifft. Hier antwortet der Utilitarier gelassen, dass jeglicher Verhaltensnorm eine mehr oder weniger egoistische Komponente innewohnt. Sobald das Handeln und Unterlassen eines Menschen von der Hoffnung auf Belohnung, Anerkennung oder von der Furcht vor Missfallen oder der Strafe Gottes geleitet wird, ist es genauso selbstsüchtig, wie ein von materiellem Glück oder Unglück gesteuertes Handeln. Ein weiterer Einwand ist, dass der Durchschnittsmensch für sich selbst zwar so viel Glück wie möglich erreichen will, seinen Mitmenschen aber nur das notwendigste Maß zubilligen würde. Es gäbe für ihn keinen Grund anders zu handeln; er würde sich zwar im Rahmen der Gesetze bewegen, aber keinen Schritt darüber hinaus. Theoretisch mag diese Kritik zwar ihre Berechtigung haben, in der Praxis ist der Mensch jedoch weitaus offener für die höheren Impulse und Absichten seiner Seele, als von den Utilitariern, aber auch von ihren Gegnern berücksichtigt wird. Eine andere Form dieser Entgegnung bezieht sich auf die Ansicht, dass die Philosophie der Nützlichkeit nur auf die entwickelte Intelligenz abzielt *(im Sinne der Philosophie der Yogis: auf eine höher entwickelte Seele)*, der normale Mensch aber zu höher stehenden Handlungen nicht angeregt wird; sie würde sich vielmehr – sobald das Prinzip begriffen wurde – als Entschuldigung für den eigenen Egoismus anbieten, der weder das Wohl der Mitmenschen, noch den Nutzen für nachfolgende Generationen im Blick hat. In den Augen der Gegner dieser Theorie würde sich folglich jemand, der für das Wohl seiner Mitmenschen lebt und arbeitet, zum größten Narren machen, opfert er doch sein eigenes Glück und seinen materiellen Vorteil einem Gefühl. (Diese Kritik lässt den Umstand außer Acht, dass der entwickelte Mensch sein größtes Glück darin findet, andere glücklich zu machen.) Ein weiterer Angriffspunkt dieser Theorie der Ethik ist, dass das Glück der Mehrheit eine unwürdige Einschränkung darstellt – in dem Sinne, dass das Glück der Mehrheit nicht automatisch auch das Glück der Minderheit generiert – eine gewisse Anzahl von Personen werden sogar sehr unglücklich und verzweifelt sein. Dieser Einwurf findet bei spirituell entwickelten Menschen Resonanz, denn für jene ist es bereits ein verinnerlichtes Wissen, dass kein Mensch durch und durch glücklich sein kann, solange nicht alle glücklich sind. Es kann kein wahres Glück geben, wenn auch nur ein Einziger auf Grund irgendeiner Regel oder Norm davon ausgeschlossen ist. Die Anhänger der Theorie der „Göttlichen Offenbarung", die der Auffassung sind, dass Moral außerhalb dieser Offenbarungen nicht zu finden ist, entgegnen den Utilitariern, dass ihre Theorie das Göttliche und die göttlichen Absichten ausklammert. Die Anhänger der „Gewissenstheorie" (Theorie der Intuition) wiederum kritisieren, dass die „Nützlichkeitstheorie" ausschließlich auf dem nüchternen Verstand des Menschen beruht, die höhere Vernunft, bzw. das Gewissen aber nicht berücksichtigt. Daher kann es außerhalb des intellektuellen Standards kein Gut oder Böse, Richtig und Falsch geben. Dieser ist allerdings keine feste Größe, der menschliche Verstand kann den Standard verändern, verbessern, gegen einen anderen austauschen oder sogar völlig abschaffen.

Alle diese Einwände werden in der Hindu - Philosophie des

Dharma anerkannt und in der Weise beantwortet, dass die Schwachstellen des Utilitarismus zwar offensichtlich sind, sobald diese Theorie Anspruch auf alleinige Wahrheit erhebt, in ihr aber viel Wahres zu finden ist und sie somit eine der tragenden Säulen des Dharma darstellt, während die anderen beiden Theorien die Strukturen des Gebäudes vervollständigen. Die Lehre des Dharma fordert, diese offensichtlichen Widersprüche in ihre entsprechende Relation zu bringen. Sie erkennt jede Sichtweise als teilweise korrekt und als Teil der ganzen Wahrheit an, für sich alleine stehend aber als zu schwach und unvollständig. Die Lehre des Dharma versöhnt die widerstreitenden Schulen, indem sie die Inhalte aller Denkrichtungen für den Bau eines größeren Systems heranzieht. Kurz gesagt, das komplette System entsteht durch die Chronologie einer universellen Entwicklung und die Missverständnisse entstehen dadurch, dass die Vertreter der einzelnen Denkschulen auf die von ihnen bevorzugte Säule blicken und diese als die einzig tragende betrachten (entziehen sich doch die beiden anderen auf Grund ihres eigenen Standpunktes ihrer Betrachtung).

Die Botschaft der Lehre des Dharma wird gerade heute so sehr benötigt – in einer Zeit, in der sich so viele Menschen des westlichen Kulturkreises im Bezug auf Moral und Ethik in großer mentaler und spiritueller Verwirrung befinden. Es gibt (1) jene, die sich auf die Offenbarung berufen, diese aber in der Praxis nicht befolgen, da sie als nicht umsetzbar bzw. „unpraktisch" angesehen wird – diese Menschen bevorzugen eine Offenbarung, die an die persönliche Erfahrung und die herrschenden Sitten angepasst ist; dann gibt es (2) jene, die für sich in Anspruch nehmen, ihrer Intuition und ihrem Gewissen zu folgen, sich aber aus mangelnder Sicherheit im realen Leben vielmehr an den Sitten und dem geltenden Recht orientieren, das sie dann aber durch ihre eigenen Gefühle modifizieren und schließlich gibt es (3) jene, die ausschließlich auf die Vernunft und den Verstand in Abstimmung und Anpassung an geltendes Recht bauen, für die Impulse der höheren Vernunft zwar offen sind, diese auch wahrnehmen und einfließen lassen, sie aber gleichzeitig verleugnen. Hoffen wir also, dass ein Studium des Dhrama für einige von uns Klarheit in die Thematik bringt. Diese kleine Abhandlung kann klarerweise nur Bruchstücke der Wahrheiten des Dharma vermitteln, wir sind aber zuversichtlich, dass es für einige nun möglich ist, die Thematik neu zu ordnen und dass sie für ihre eigene moralische und ethische Haltung aus den Weisheiten, die aus den drei Seiten des Lebens in sie einfließen, einen Nutzen ziehen können.

Sehen wir uns nun an, was die Lehre des DHARMA uns anzubieten hat. Für unsere Erörterung der Materie bitten wir nun den Studenten um seine Unvoreingenommenheit, d.h. um eine Haltung, in der er für einen Moment seine vorgefassten Meinungen und Theorien zur Seite legt und unseren Ausführungen vorurteilsfrei zuhört, soweit es ihm möglich ist. Wir erwarten keineswegs, dass er unsere Aussagen annimmt, wenn sie seinem Denken und seiner Intuition widersprechen, wir bitten aber um ein offenes Ohr über die ganze Länge, also um ein unbefangenes Gesamt-Urteil unserer Ausführungen, anstelle eines „Herauspickens" von Einzelheiten und voreiligem Widerstand – letztlich bitten wir einfach um die Grundhaltung, die ein wirklich interessierter Student mitbringen sollte.

Wir werden keine Empfehlungen abgeben, wie Sie sich verhalten sollen, wir werden ihnen einfach die grundlegenden Prinzipien des Dharma, als Basis für Ihre eigene Reflexion, näher bringen.

Der beste Weg ist vielleicht, zu Beginn zu beleuchten, wie die Philosophie des Dharma die drei eingangs erwähnten Theorien der Moral und Verhaltensweise betrachtet. Wir werden jede nach der Reihe näher untersuchen. Dem vorangestellt, bitten wir noch, den Grundsatz der Yogi-Philosophie miteinzubeziehen, nämlich jenen, dass alle Seelen wachsende Seelen sind – Seelen, die sich in unterschiedlichen Stadien ihres Wachstumsprozesses und Entwicklungsgrades auf ihrem Weg befinden. Spirituelle Evolution ist in vollem Gange, jede Seele baut permanent auf ihrem „Gestern" auf und legt gleichzeitig den Grundstein für ihr „Morgen". Das „Gestern" erstreckt sich über das aktuelle irdische Leben hinaus, in weit zurück liegende frühere Existenzen und das „Morgen" reicht ebenfalls weit über die verbleibende Zeit dieses Erdenlebens in zukünftige Verkörperungen und Inkarnationen hinein. Leben ist keine bloße Angelegenheit von einigen Jahren der fleischlichen Existenz – die Seele hat bereits unzählige „Gestern" hinter sich; sie hat die ganze Ewigkeit vor sich, kontinuierlich voranschreitend, liegt in einer stetig aufsteigenden Spirale Existenzebene um Existenzebene vor ihr. Wir haben nicht die Absicht, auf diesem Thema herumzureiten, es bringt aber die Sichtweise in Erinnerung, dass sich die verkörperten Seelen, denen wir täglich in Form von Frauen und Männern begegnen, in unterschiedlichen Entwicklungsstadien befinden und daher auch ihre Bedürfnisse und die Anforderungen an die individuelle Seele weit differieren. Die wachsenden Ansprüche an die Moral, Ethik und Verhaltensweise werden in der Philosophie der Yogis als Indikator dafür betrachtet, dass die Idee bzw. die Illusion des Getrenntseins nach und nach der Morgenröte des Bewusstseins des Eins Seins weicht. Dieses heranwachsende Bewusstsein ist der Grund dafür, dass vieles, was früher als richtig angesehen wurde, nun als falsch betrachtet wird; es ist der Grund dafür, dass der Mensch das Leid und die Sorgen anderer wahrnimmt und dass er im Gegenzug durch die Freude in seinem Umfeld selbst auch Glück empfindet. Dieses Bewusstsein macht uns liebevoller und achtsamer im Bezug auf unsere Mitmenschen, da wir der Beziehung, die zu jedem einzelnen besteht, zunehmend gewahr werden. Das ist der Grund für das wachsende Gefühl der Brüderlichkeit unter den Menschen, obwohl viele, die bereits so fühlen, den wahren Ursprung dieses Gefühls vielleicht nicht benennen könnten. Die Evolution und Entfaltung der Seelen münden in höhere geistige Ideale und Umgangsformen und ist ursächlich für den Wandel der Moralvorstellungen. Dieser Wandel ist für jeden evident, der sich mit der Geschichte der Menschheit aufmerksam befasst und die Zeichen der Zeit lesen kann. Mithilfe der Theorie des Dharma können wir unterschiedliche moralische Standards besser einordnen und werden vor dem Irrtum bewahrt, andere, noch nicht so weit entwickelte Brüder und Schwestern aufgrund ihrer noch roheren Ideale und Verhaltensnormen zu verdammen. Je höher die Entwicklung vorangeschritten ist, desto höher sind die Ideale und Anforderungen an Moral und Umgangsformen – gleichzeitig ist sie der Auslöser für das Abwerfen vieler überholter Wertvorstellungen und Verhaltensnormen, die zu ihrer Zeit aber als die bestmöglichen erschienen. Unter Berücksichtigung dieser Tatsachen werden wir nun die drei Quellen der Ethik betrachten.

Die Yogi Philosophie erkennt in der *Theorie der Offenbarung* eine jener Säulen, die das Gebäude des Dharma trägt. Es wird anerkannt, dass in der Geschichte der Menschheit – in unterschiedlichen Epochen – Ereignisse sattfanden, bei denen das Göttliche zur Inspiration einzelner, weit entwickelter Seelen wurde und dass die Weitergabe dieser empfangenen Botschaften an die breite Bevölkerung den Menschen in jener Zeit Halt und Unterstützung gab. Diese inspirierten Menschen waren Seelen, die aus freiem Willen aus höheren Ebenen der Existenz zurückgekehrt sind, um ihren noch nicht so fortgeschrittenen Brüdern und Schwestern zu helfen. Sie lebten ihr Leben für die Menschen ihres Umfeldes und traten als Propheten, Priester, Seher etc. in Erscheinung. Von solchen Menschen existieren zahlreiche Überlieferungen. Diese Berichte wurden allerdings durch den Einfluss der Mythen, Legenden und den vorherrschenden Aberglauben der in der damaligen Zeit lebenden Zeitgenossen gefärbt, verdreht oder vervollständigt. In den seltensten Fällen schrieben diese Menschen selbst – ihre Lehren wurden vielmehr von anderen verfasst (manchmal lange nachdem sie selbst wieder gegangen waren), doch obwohl diese Schriften durch den Blick des jeweiligen Übersetzers gefärbt wurden, vermitteln sie einen Eindruck von den Aussagen des jeweiligen Propheten oder Lehrers. Diese Propheten waren in ihrem Grad der Entwicklung höchst unterschiedlich, manche kamen aus großen Höhen, andere wiederum von vergleichsweise niedrigeren Ebenen, aber sie trugen alle eine Botschaft zu ihren Mitmenschen, die auf ihre Bedürfnisse und die jeweilige Zeit ausgerichtet war. Diese Offenbarungen wurden mehr oder weniger akzeptiert, sie bewirkten in den Menschen auf jeden Fall eine Veränderung und halfen eine Basis zu bilden, auf die wiederum nachfolgende Generationen bauen konnten. Es stellt keine Missachtung dieser Propheten oder der Quelle ihrer Informationen dar, wenn wir sagen, dass wir bereits über die meisten dieser Lehren weit hinausgewachsen sind und heute nahezu alle abstreifen konnten, mit Ausnahme von einigen wenigen, ganz grundsätzlichen Regeln, die noch verblieben sind. Religiöse Sekten beharren auf der Unfehlbarkeit dieser Aussagen und sehen in ihnen einen ewig gültigen Standard für Moral und Verhaltensnormen für alle Menschen, zu allen Zeiten. Wenn wir einen Moment darüber nachdenken, werden wir erkennen, wie unsinnig diese Sichtweise ist. Nehmen wir Moses als Beispiel und wir sehen, wie seine Lehren für die Menschen seiner Zeit adäquat waren und wie gut sie den Gegebenheiten der Zeit angepasst waren. Auf heutige Verhältnisse umgelegt, erscheinen manche Aussagen aber relativ absurd. Die grundsätzlichen Prinzipien haben zwar nach wie vor ihre volle Gültigkeit, die „Nebenregeln" für die jüdische Gemeinschaft sind aber längst überholt; sie akribisch zu befolgen, zieht heute wohl kaum jemand ernsthaft in Betracht. Viele Kritiker der Offenbarungstheorie beanstanden eine Vielzahl der Regeln Mose mit dem Hinweis auf ihre grausamen und primitiven Inhalte und meist sind es gerade diese Kritiker, die gegen heutige Regeln ebenso revoltieren. Trotz allem hatte jede einzelne Verhaltensnorm einen bestimmten Grund und in Summe hatten sie die Aufgabe, die langsam beginnende Entfaltung der inkarnierten Seelen in jener Zeit zu unterstützen. Der Sinn dieser Lehren war es, den Menschen in seiner Evolution zu unterstützen – ihm etwas in die Hand zu geben, das ein kleines Stückchen besser und erstrebenswerter war, als die Lebensweise, die er bis dahin an den Tag gelegt hatte. Manche dieser aus heutiger Sicht so primitiven oder grausamen Regeln erweisen sich bei genauer Betrachtung und unter Berücksichtigung der damaligen Verhältnisse als den damaligen Sitten ein paar Schritte voraus. Aus unserer heutigen Perspektive – von einer höheren Sprosse der Leiter aus betrachtet – sehen wir, dass diese Lehren einige Ebenen unter unserem Entwicklungsniveau liegen, wenn wir uns aber in die „Runde" der Entwicklung der Menschen der damaligen Zeit hineinversetzen, würden wir erkennen, dass sie einem Niveau entsprachen, das ein oder zwei Entwicklungsrunden über dem damaligen lag. Es ist unsinnig darauf zu beharren, dass es besser gewesen wäre, wenn der Menschheit bereits in ihrem Kindesalter die höchst möglichen Ideale zur Verfügung gestanden hätten – man stelle sich vor, wie diese höchsten Wertvorstellungen Christi mehrere hundert Jahre zuvor angekommen wären. Doch lassen wir hier nicht außer Acht, dass in der Mehrzahl dieser rohen und altertümlichen Lehren auch ein geheimes oder esoterisches Wissen eingewoben war, das fortgeschrittene Seelen der jeweiligen Generation erreichen sollte und konnte und jenen ebenfalls einen Leitfaden gab. In diesen alten Lehren war gerade nur so viel davon eingeflochten, dass man erkennen kann, dass sich die Lehrer dieser höheren Bedeutung sehr wohl bewusst waren. Diese esoterischen Lehren sind in die exoterischen Botschaften für die Masse eingebettet. So war es immer. Die Lehren Jesu werden von der Mehrzahl der Menschen heute noch nicht verstanden, ganz zu schweigen von den Generationen vor uns. Ein Blick auf die Geschichte des Christentums zeigt klar, wie die sogenannten Gläubigen seine Lehre missverstanden haben und wie roh und unmenschlich ihre Vorstellungen waren uns es zum Teil immer noch sind.

Und doch waren entwickelte Seelen in den vergangenen tausendneunhundert Jahren in der Lage, die esoterischen Botschaften zwischen den Zeilen zu lesen und zu verstehen und das, obwohl durch ungenaue Überlieferungen die Berichte von den Aussprüchen Jesu verzerrt übermittelt wurden. Jedoch haben die Lehren Christi trotz dieses Unverständnisses, Wundervolles bewirkt. Die Ethik der Bergpredigt ist noch nicht in Kraft – die Menschheit ist noch nicht soweit entwickelt – zukünftige Generationen werden sich aber von diesem Licht in ihrem Leben führen lassen.

An dieser Stelle wollen wir unseren Blick auf etwas Grundlegendes richten. Die Lehren aller Propheten waren immer darauf ausgerichtet, dem Menschen zu helfen, die alten Hüllen niedrigerer geistiger Ebenen abzuwerfen und ihn bei dem Erreichen eines höheren Entwicklungsstadiums zu unterstützen. Die Evolution der Seele war der letztendliche Sinn; alle Vorgaben waren auf dieses Ziel ausgerichtet. Ein Schritt nach dem anderen, war die

Vorgehensweise – und ist es noch. Das Wort eines Propheten war nicht „das letzte Wort", sondern in einer bestimmten Situation das passende.

Das ist der Schlüssel für viele Rätsel, mit denen Ihr in der Vergangenheit konfrontiert wart. Ein anderer Punkt ist, dass all diese Lehren den Menschen erheben sollten und sein Wohlergehen im Blick hatten. Sie waren nicht darauf ausgerichtet, dass der Mensch Gott gegenüber irgendwelche Pflichten zu erfüllen hat, wie man uns einreden wollte. Gott war über das mangelnde Interesse an ihm in keinster Weise beunruhigt. Er war nicht selbstherrlich; er forderte weder seine Anbetung noch verlangte seine Nase nach dem Geruch von Brandopfern. Diese Vorstellungen stammen aus dem Kindheitsstadium der Menschheit. Gott geht es ohne die Anbetung und Lobpreisung der Menschen ausgezeichnet. Der Mensch allein ist der Begünstigte, wenn es um Göttliche Liebe geht. Das Absolute wird durch die Taten der Menschen weder bereichert noch geschmälert. Wenn Lehrer und Propheten die Verehrung Gottes verlangten, dann geschah das allein in der Absicht, die Aufmerksamkeit des Menschen auf die Tatsache zu lenken, dass eine höhere Macht existiert. Durch diese Ausrichtung der Aufmerksamkeit konnte der Mensch durch die dadurch entstehende Anziehung des Höheren, Unterstützung in seiner Entfaltung erfahren. Verabschiede Dich von dem Gedanken, dass Du Dich erst durch Deine Gebete, Deine Verehrung und die Anerkennung seiner erhabenen Position, seiner Liebe würdig erweist. Die gesamte Wohltat der Gebete, Verehrung und Liebe zu Gott kommt ausschließlich dem Menschen zu Gute.

Um die Lehren der Propheten aller Religionen zu verstehen,

müssen wir uns in die Rolle des Propheten hineinversetzen und berücksichtigen, mit welchen Menschen er umzugehen hatte. Dann werden wir verstehen, dass diese strengen Gebote darauf ausgerichtet waren, jene Menschen gerade einmal einen Schritt vorwärts zu bringen und genau das haben sie auch bewirkt. Doch obwohl sie diesen Zweck hatten und auch erfüllt haben, sollten wir in unserer heutigen Zeit nicht an den Buchstaben dieser Gesetze kleben. Sobald wir zu einem tieferen Verständnis der Thematik in der soeben dargelegten Weise gelangen, werden wir die Spreu von den Lehren trennen (dem Weizen von damals) und die einzelnen Körner herausgreifen können, die sich nach wie vor darin befinden. Nützen wir all das Gute der alten Lehren – es ist immer noch viel Gutes darin zu finden – sie haben ihre Aufgabe noch nicht restlos erfüllt. Wir sollten uns aber nicht an bereits Überholtes und Vergangenes heften – blicken wir auf den Geist, der in allen Lehren wohnt, anstatt uns an die leblosen Buchstaben alter Gesetze zu binden. Wir sollten nicht den Fehler begehen, eine Lehre, nur weil sie der Inspiration entsprungen war, als unfehlbar und als eine für alle Zeiten und für alle Menschen gültige Lebensregel anzusehen – erinnern wir uns an die beiden anderen Säulen des Dharma, die Intuition und die Vernunft. Gleichzeitig sollten wir jedoch die alten Lehren nicht verhöhnen oder ihren Offenbarungscharakter leugnen, nur weil sie aus einer längst vergangenen Zeit stammen. Betrachten wir sie als das was sie sind und lenken wir unsere Gedanken dementsprechend. Darüber hinaus sollten wir auch nicht annehmen, dass die Tage der Offenbarungen bereits gänzlich hinter uns liegen. In den Aussagen Emersons *(Ralph Waldo Emerson 1803- 1882, amerikanischer*

Philosoph und Schriftsteller. Anm. d. Übers.) liegt ebenso viel Inspiration wie in den Offenbarungen der jüdischen Propheten – alle waren ihrer Zeit voraus und ihre Botschaften wurden von der Mehrzahl nur unvollständig verstanden – jede schlug auf der Tonleiter den nächst höheren Ton an. Emerson haben wir hier einfach als Beispiel genannt – es existieren heute ebenso viele andere. Einen grundlegenden Unterschied zwischen den alten Propheten und den modernen Sehern und Lehrern gibt es allerdings doch: Die alten Propheten hatten eine Gefolgschaft, die ihre Aussagen in blindem Glauben und mit einem minimalen Maß an spiritueller Einsicht akzeptieren musste, während die Menschen von heute sehr wohl in der Lage sind, den Wert einer Lehre im Licht ihrer eigenen Seele und mit der Hilfe ihrer Vernunft abzuwägen – genauer gesagt: manche tun es – andere müssen sich immer noch mit den alten Lehren zufrieden geben, da sie mit ihren Brüdern und Schwestern noch nicht Schritt halten und sich daher mit den Erzählungen aus den spirituellen Kindertagen der Menschheit zufriedengeben müssen. Und auch das ist völlig in Ordnung.

Die Yogi Philosophie erkennt in der Theorie der Intuition bzw. des Gewissens die zweite tragende Säule des Dharma-Gebäudes. Wie wir bereits in der vorangegangenen Betrachtung dieser Theorie erläutert haben, wurden viele Menschen, die sich mit Themen der Ethik gedanklich ernsthaft auseinandergesetzt haben, von der Offenbarungstheorie (für sich alleine betrachtet) eher abgeschreckt. Sie sind nicht bereit, diese den primitiven Völkern der Vergangenheit vorgelegten sogenannten

Offenbarungen zu akzeptieren und sie als unfehlbar und zuverlässig anzusehen. Sie verneinen den inspirativen Ursprung dieser Lehren und suchen nun in ihrer Umgebung nach anderen brauchbaren Theorien und Lebensregeln. Viele dieser Menschen spricht die Theorie der Nützlichkeit an, da sie an ihre Vernunft und ihren Verstand appelliert, obwohl diese Theorie die Bedürfnisse ihrer Seelen nicht in dem Maße befriedigen kann, wie sie es letztlich wünschen. Andere wiederum, die durch die Kälte und Eigennützigkeit der letztgenannten Theorie abgeschreckt werden, sich aber nicht rückwärst bewegen wollen, in dem sie sich an den alten Offenbarungen orientieren, wenden sich der Theorie der Intuition bzw. des Gewissens zu. Sie können die Idee, dass das Gewissen bzw. die Intuition ein direktes und solides Fundament für Moral und Verhaltensweise darstellt, gut annehmen und sehen auch in der Basis der geltenden Rechtsnormen und Gesetze einen direkten Bezug zu dieser Instanz. Manche gehen soweit, dass sie im Gewissen oder in der Intuition die Stimme Gottes sehen, der vorbehaltlos zu folgen sei – sie sehen im Gewissen einen Kanal, durch den jeder einzelne Mensch in der Lage ist, seine eigenen Göttlichen Offenbarungen zu empfangen. Wie wir bereits zuvor ausgeführt haben, wird diese Position scharf angegriffen, aus dem einfachen Grund, dass nicht einmal zwei Menschen über das gleiche Gewissen verfügen, da es von vielen Faktoren wie Umgebung, Alter, Ethnie, öffentlicher Meinung, Erziehung usw. abhängig ist und beeinflusst wird. Es kann daher weder unfehlbar sein, noch eine sichere Führung darstellen; jeder Mensch hätte seine eigenen Gesetze, die zu berücksichtigen wiederum niemand anderer verpflichtet wäre; etc., etc.. Die Lehre des Dharma versöhnt diese zwei scheinbar kontroversiellen Standpunkte. Wir werden uns im nächsten Kapitel der Frage widmen, was Dharma über die Intuition bzw. das Gewissen zu sagen hat.

Wir vertrauen darauf, dass Sie, lieber Student, auch dem folgenden Kapitel (dieser vielleicht manchmal als trocken empfundenen Materie) nicht nur ihre oberflächliche, sondern weiterhin ihre volle Aufmerksamkeit widmen, denn ein aufmerksames Studium erweist sich für jene, die danach streben, die volle Tragweite dieser Thematik zu erfassen und den tiefen Wunsch nach einem glücklichen und erfüllten Leben in sich tragen – die sich danach sehnen, den Pfad der Erkenntnis weiter und weiter zu beschreiten, als notwendig und ausgesprochen hilfreich. Das Thema *Intuition und Gewissen* ist von spezieller Bedeutung. Wir werden also im nächsten Kapitel einige wichtige Punkte ausarbeiten und darlegen.

Ihre Aufmerksamkeit, um die wir Sie nun bitten, wird belohnt werden.

Friede sei mit Euch.

MEHR ÜBER DHARMA

Wir schließen an das vorangegangene Kapitel an, indem wir
die zweite Säule des Dharma-Gebäudes näher untersuchen
und unsere Überlegungen dazu anstellen.
Jeder Mensch ist sich mehr oder weniger einer „Inneren
Stimme" bewusst – einem „Wissen", das offensichtlich
unabhängig von seinem Verstand existiert. Diese Stimme
spricht in sanftem oder in herrischem Ton zu ihm. Sie gibt
Empfehlungen oder Warnungen ab, dieses oder jenes zu tun
oder zu unterlassen. Manchmal ermuntert sie zu noblen
Handlungen, an anderer Stelle tritt sie als Ermunterung zu
verwerflichen Taten in Erscheinung. In ihrer höher
entwickelten Erscheinungsform nennen wir diese Stimme
„Gewissen" und in ihrer niedrigeren Form „Versuchung". In
alten Erzählungen wird der Mensch mit einem guten Engel
an der einen und einem bösen an seiner anderen Seite
dargestellt; der eine flüstert ihm ins Ohr, das „Richtige" zu
tun, während ihn der andere zu „falschen" Handlungen
auffordert. Die alten Geschichten symbolisieren eine
Wahrheit, wie wir bald sehen werden. Neben der „Stimme
des Gewissens" und der „Versuchung", gibt es aber auch
eine „Führung" im Alltagsleben, bei der die Kategorien
„richtig" und „falsch" keine Rolle spielen. Diese dritte
Erscheinungsform wird üblicherweise als „Intuition"
bezeichnet. Die meisten Menschen verwenden zwar diese

drei Begriffe, sie haben auch eine klare Vorstellung von der Unterschiedlichkeit dieser Begriffe, sie können aber nicht erklären, was diese Eingebungen genau sind und woher sie kommen. Die Yogi Philosophie bietet hier eine Erklärung an und Dharma beruht zu einem gewissen Teil auf dieser Definition, da die Intuition bzw. das Gewissen ja eine ihrer drei tragenden Säulen darstellt, gemeinsam mit der ersten Säule der Offenbarung und der dritten, der Nützlichkeit. Diese drei Säulen verkörpern die Stimme Gottes, die Stimme der intuitiven Fähigkeiten des Menschen und zum dritten, die Stimme der menschlichen Vernunft.

Sehen wir uns nun an, was die Yogi Philosophie zur Frage der Intuition und über die Natur der Botschaften, die aus diesem Winkel der Seele kommen, zu sagen hat. Um die Natur des Gewissens, der Intuition und Versuchung und anderer Gefühle, die aus unbewussten Regionen in den Bewusstseinsbereich eindringen, besser zu verstehen, müssen wir ein paar Seiten zurückblättern. In den ersten Lektionen über die Yogi Philosophie (besser bekannt als „Fourteen Lessons"), sprachen wir bereits über die verschiedenen Ebenen des Geistes und ihre Funktion für den Menschen. Rufen wir uns in Erinnerung, was wir über den instinktiven Geist, den Intellekt und den Spirituellen Geist gesagt haben. Diese geistigen Ebenen kommen in unseren Lektionen immer wieder vor und wir gehen davon aus, dass Sie mit der Natur dieser Ebenen mittlerweile gut vertraut sind. „Versuchungen" bzw. der Impuls, „böse" oder „falsche" Handlungen zu begehen, kommen aus den niedrigeren Regionen des Geistes – dieser Teil des instinktiven Geistes ist der animalische Aspekt in uns. Diese

Leidenschaften, Gefühle und Tendenzen sind unser Erbe aus der Vergangenheit. Sie sind nicht für sich genommen „schlecht", sie gehören zu einem Teil unserer seelischen Geschichte, den wir bereits hinter uns gelassen haben oder aus dem wir gerade im Begriff sind, herauszuwachsen. Diese Dinge waren unser „höchstes Gut" mentaler Verhältnisse zu einer früheren Zeit unserer Evolution – sie waren sogar für unser damaliges Wohlergehen notwendig – sie waren wesentlich besser, als die Gefühle und Handlungen, die wir davor schon überwunden hatten und so erschienen uns diese, aus heutiger Sicht primitiven Impulse, damals wie die Stimme des höheren Selbst, die auf unser niedrigeres Bewusstsein einwirkte. Bedenke die Relativität dieser Dinge. Nun aber, wo wir diese Periode, in der diese Dinge unser höchstes Gut waren, überwunden haben und uns in dem Maße weiterentwickelt haben, dass wir höhere Konzepte der Wahrheit erfassen können, erscheinen uns diese alten Dinge, wenn sie aus den niederen geistigen Regionen in unser Bewusstsein dringen, als „böse" und „falsch" und wir erschauern bei dem Gedanken, dass wir immer noch so viel von der Bestie in uns tragen. Dass sich diese Impulse und Gedanken immer noch in uns erheben, stellt aber keinen Anlass dar, sich in irgendeiner Weise verflucht oder verhext zu fühlen. Diese Gedanken und Impulse sind unser Erbe aus der Vergangenheit, sie sind die Erinnerungen an unser Stadium der „Bestie". Es sind Stimmen aus der Vergangenheit. Sei nicht beunruhigt, wenn Du den Kampf der Bestie in Dir fühlst, wie sie sich entfesseln will, die Tatsache allein, dass Du sie als etwas von Dir, von Deinem normalen Selbst, Verschiedenes wahrnimmst, ist ermutigend. Einst *warst* Du die Bestie – jetzt ist sie nur noch ein Teil von Dir – ein wenig später wirst Du sie gänzlich abgeworfen haben. Wiederhole, was wir in der ersten Lektion dieser Serie zu diesem Thema gesagt haben. (Der Autor bezieht sich hier auf das erste Kapitel des „Advanced Course In Yogi Philosophy And Oriental Occultism", das in den "Erläuterungen zum Handbuch Licht auf dem Pfad" enthalten ist. Deutschsprachige Erstausgabe 2018. – Anm. d. Übers. /Hrsgs.) An späterer Stelle werden wir ebenfalls noch näher auf die relative Natur der Begriffe „richtig" und „falsch" eingehen, damit wir das Verständnis dafür vertiefen, wie eine Sache, die einmal „richtig" war, nun „falsch" sein kann – wie sich etwas, was einst ausgesprochen „gut" und „richtig" war, nun im weiteren Verlauf unserer Entwicklung als „böse" und „falsch" darstellt. (D.h. in relativer Hinsicht – denn im Laufe unserer Entfaltung beginnen wir zu sehen, dass „richtig" und „falsch", „gut" und „böse" relative Begriffe sind und dass aus der Sicht des Absoluten so etwas wie „böse" gar nicht existiert. So sind die Dinge, aus denen wir herausgewachsen sind „böse" und jene, in die wir hineinwachsen, „gut" – solange, bis auch diese abgeworfen wurden.) Wir wollen an dieser Stelle einfach nur verdeutlichen, dass „Versuchung" bloß einen Wiederholungsdrang vergangener Erfahrungen darstellt, da diese Neigung noch nicht gänzlich überwunden ist. Sie erhebt sich im letzten Aufflackern, bevor sie endgültig verlöscht, oder wird noch durch äußere Umstände und Einflüsse angetrieben. Lassen wir die Bestien absterben und uns durch ihren Überlebenskampf nicht beunruhigen.

Intuition kann entweder durch Impulse des Spirituellen Geistes, der in das Bewusstseinsfeld hineinragt, oder durch

Impulse aus der unterbewussten Region des Verstandes zustande kommen. Im letzteren Fall hat der Verstand eine Problemstellung ausgearbeitet, ohne damit das Tagesbewusstsein zu behelligen. Diese fertige Lösung wird dann zum passenden Zeitpunkt dem Bewusstsein mit einer Glaubwürdigkeit präsentiert, die dazu führt, dass sie akzeptiert wird. Viele Momente der Intuition entstehen aber durch den Einfluss des Spirituellen Geistes, der nicht „denkt", sondern „weiß". Der Spirituelle Geist sendet uns immer das Beste, was wir in Abstimmung mit unserem Entwicklungsstand annehmen können. Er ist um unser wahres Wohlergehen besorgt, er gibt uns Führung und Hilfe, wenn wir es zulassen.

Ohne uns hier weiter zu vertiefen, möchten wir an dieser Stelle die graduellen Unterscheide zwischen den Begriffen Intuition und Gewissen darlegen. Gewissen befasst sich mit den Fragen von „richtig" und „falsch" und Intuition mit den Fragen der passenden Handlungen in unserem Leben, ohne Berücksichtigung von Ethik oder Moral, obwohl sie mit unserem jeweiligen besten Wissensstand zu diesen Dingen nicht im Widerspruch steht. Das Gewissen informiert uns darüber, ob eine Sache zum Zeitpunkt des momentanen Entwicklungsstandes mit unseren höchst möglichen ethischen Standards übereinstimmt, oder nicht. Die Intuition sagt uns, ob es weise und zu unserem Besten ist, einen bestimmten Schritt oder eine bestimmte Wegrichtung einzuschlagen. Erkennst Du den Unterschied? Das Gewissen ist das Licht des Spirituellen Geistes, das durch den Filter der sich entfaltenden Schleier unserer Seele dringt. Das ist eine etwas holprige Definition, wir werden versuchen, es noch ein wenig klarer auszudrücken.

Das Licht des Spirituellen Geistes ist permanent bemüht, seinen Weg durch die niedrigeren Ebenen des Geistes zu bahnen; mit dem einen oder anderen Strahl erreicht er dabei sogar auch die untersten Regionen. Aufgrund der verhüllenden Schichten der niederen Natur, kann es aber in diesem Entwicklungsstadium nicht vollständig durchdringen und wird daher nur schwach wahrgenommen. Im Laufe der Entwicklung, wo Schicht um Schicht abfällt, wird dieses Licht immer klarer, nicht aus dem Grund, dass das Licht näher käme, sondern weil sich vielmehr das Zentrum des menschlichen Bewusstseins in seine Richtung bewegt. Es ist der gleiche Vorgang wie bei einer Blüte, die, während sie sich öffnet, ihre äußeren Blütenblätter abwirft. Gehen wir davon aus, dass im Zentrum der Blüte etwas existiert, dem ein Licht innewohnt und sich dieses Licht stetig einen Weg durch die Reihen der Blütenblätter und darüber hinaus bahnt. Indem die Hüllen oder Blätter abfallen, kann das Licht durch die verbleibenden Schichten hindurchstrahlen – am Ende wird alles zu Licht. Vielleicht ist es ein zu enger Vergleich, wir fühlen uns aber aufgerufen, dieses Bild zu verwenden.

Bringen wir einen weiteren, ebenso unvollständigen Vergleich ins Spiel, der es aber vielleicht noch eine Spur klarer machen kann. Stellen wir uns eine Glühbirne vor, die von mehreren Tüchern verhüllt wird. Das Licht selbst ist der Spirit – die Glühbirne ist der Spirituelle Geist, durch die der Spirit mit einem Minimum an Widerstand und Hindernis durchscheinen kann. Die äußeren Tücher sind sehr dick, aber je näher wir der Glühbirne kommen, desto dünner werden die Stoffschichten. Die innersten Schichten sind extrem dünn, bis sie nahezu völlig transparent werden.

Versuche Dir dieses Bild geistig einzuprägen.

Obwohl nur wenig Licht die äußersten Schichten erreicht, ist es doch das höchste mögliche Maß an Licht, das von diesen Schichten aufgenommen und erfasst werden kann. Wir entfernen die erste Schicht. Die nächste Schicht kann bereits mehr Licht in sich aufnehmen und durchlassen als die, die bereits abgeworfen wurde. Wir entfernen nun auch die zweite Lage und sehen, wie hell die dritte Schicht schon ist und wie viel mehr Licht sie abstrahlen kann. Und so geht es weiter und weiter. Jede abgeworfene Schicht bringt mehr Licht und helleres Licht zum Vorschein, bis zu dem Moment, wo letztlich alle Schichten entfernt sind und das Licht des Spirituellen Geistes durch das Glas der Glühbirne strahlt. Könnten die Schichten denken, würden sie sich in ihrer Gesamtheit, die Glühbirne im Zentrum mit eingeschlossen, als „Ich" bezeichnen. Jede Schicht würde sehen, dass jede, dem Inneren noch näher liegende Schicht, noch heller ist, als sie selbst es normalerweise ist. Dieses Licht steht dann jeweils für das höchste Konzept von Licht, das der äußeren Hülle momentan zugänglich und möglich ist – es stellt somit sein „Gewissen" dar. Jede dieser Lagen würde sich der größeren Helligkeit der nächstfolgenden bewusst sein. Die zweite Lage würde für die die erste sehr „gut", aus der Sicht der vierten oder fünften Lage allerdings (im Vergleich), wie die Dunkelheit an sich und daher ausgesprochen „schlecht" erscheinen. Jede dieser Schichten wäre aber trotzdem „gut", trägt sie doch das Licht zu jener, die momentan noch ein Stück mehr in Dunkelheit liegt. Das Gewissen ist das Spirituelle Licht, das wir mehr oder weniger schwach sehen können, da es von einer gewissen Anzahl von Schichten umhüllt wird. Wir sehen nur so viel, wie die Stoffschichten durchlassen – wir nennen daher die jeweils nächste innere Schicht „Gewissen" – es ist also relativ.

Kannst Du es nun etwas klarer erfassen? Kannst Du sehen, warum das „Gewissen" von verschiedenen Menschen so unterschiedlich beschaffen ist? Lässt Dich der Umstand, dass eine unterschiedliche Anzahl von Stofflagen auch unterschiedliche Manifestationen des Lichts bedingen, am Licht selbst oder seiner Helligkeit zweifeln?

Denke über diese Illustration eine Weile nach und beobachte, ob Dein Geist nicht doch noch eine klarere Vorstellung vom Wert des Gewissens entwickelt. Verspotte das Gewissen und seine Stimme nicht, nur weil Du siehst, dass das Gewissen eines Menschen, der in seiner Entwicklung noch nicht vorgeschritten ist, Handlungen erlaubt, die Du selbst als „böse" erachtest. Dieses „böse" ist im Vergleich zu einer noch niedrigeren Entwicklungsstufe „gut". Verfalle aber auch nicht in Selbstgerechtigkeit, nur weil Dir Dein Gewissen schon hohe ethische Ansprüche vermittelt – es gibt heute inkarnierte Wesen, aus deren Warte betrachtet, Deine ethischen Standards gerade mal so hoch sind, wie aus Deiner Sicht die Ideale eines Neandertalers wären.

Das glaubst Du nicht? Illustrieren wir das anhand eines Beispiels: Du bezeichnest Dich selbst als „ehrlich" und „wahrhaftig". Kannst Du sagen, dass Du auch nur einen Monat lang ohne irgendeine Lüge ausgekommen bist? Hand aufs Herz – Notlügen und das Verschweigen der ganzen Wahrheit zählen genauso, wie die großen Lügen – warst Du schon jemals einen Monat lang absolut ehrlich? Geschäftsgespräche mit ihren „Notwendigkeiten" und „Höflichkeiten" gehören allerdings ebenso dazu. Oh nein, wir verurteilen Dich nicht – am derzeitigen Punkt der Menschheitsentwicklung könntest Du es nicht besser machen – Du machst es so gut, wie es Dir möglich ist – aber zu sehen, dass Du nicht hundertprozentig ehrlich bist, ist ein großer Vorteil. Dieser kleine Test ist ja in Wahrheit unbedeutend – von einem etwas höheren Standpunkt aus betrachtet, begeht die Menschheit ja wahrlich größere Verbrechen.

Gibt es niemanden, der Not leidet? Können alle Brüder und Schwestern an den Errungenschaften der Menschheit teilhaben? Ist alles auf der Welt so „gut", wie es sein könnte? Kannst Du Dir keine noch so kleine Verbesserung vorstellen? Ja, natürlich wissen wir, dass Du alleine die Dinge nicht in Ordnung bringen kannst – aber Du bist Teil der Menschheit, Du bist mit Privilegien ausgestattet und somit Teil jener Gruppe, die im rollenden Wagen über die Verlierer der heutigen Zeit hinwegfährt. Du alleine kannst es, wie Du schon sagtest, nicht ändern – die gesamte Menschheit muss sich zum Besseren entwickeln – muss sich aus diesem Sumpf befreien. Und der Schmerz über all das wird die Veränderung zum Besseren antreiben. Die Menschen beginnen diesen Schmerz zu fühlen und dieses Gefühl macht ihnen zunehmend zu schaffen. Alles, was Du tun kannst, ist diese Dinge zu erkennen, den Wandel herbeizusehnen und ihn selbst ebenso zu vollziehen, wenn die Zeit dafür gekommen ist. Gott hält das lose Ende des Knäuels in Händen und er rollt den Faden unaufhörlich aus. Du musst Vertrauen haben und für dieses Abspulen bereit sein, egal was es Dir bringen möge, denn das Erkennen und das Vertrauen bewahren Dich vor so manchem Leid, das viele erfahren werden, die weder erkennen, noch wollen.

Doch sogar dieses Leid ist nicht sinnlos, sondern trägt zur Entfaltung bei.

Nun aber wieder zu unserem eigentlichen Thema: Fühlst Du Dich jetzt so besonders „gut" und überlegen? Die Lektion, die es zu lernen gilt, lautet: „Verurteile und verdamme nicht" – „Wer ohne Sünde ist, der werfe den ersten Stein". Keiner von uns ist so unglaublich „gut". Allerdings sind wir alle auf einem aufsteigenden Pfad unterwegs. Lasst uns als Freunde miteinander leben; einen Tag nach dem anderen; handeln wir nach unserem besten Wissen; säen wir ein Wort hier und eine Tat da; seien wir nicht selbstgerecht; verdammen wir nicht; geben wir unser Bestes und gestehen wir allen anderen dieselben Privilegien zu, die wir selbst genießen; kümmern wir uns um unsere Angelegenheiten; hören wir auf, andere zu verfolgen; seien wir mit Liebe, Toleranz und Mitgefühl erfüllt; lasst uns in allem einen Teil des Alls erkennen; lasst uns sehen, dass jeder in Bezug auf seinen Entwicklungsstand nach seinem derzeit besten Wissen handelt; lasst uns in der geringsten, armseligsten und unwissendsten Person das Göttliche sehen – es ist hier wie dort, verborgen, doch ständig auf Entfaltung vorwärts drängend; und schließlich: „Lasst uns freundlich sein – lasst uns freundlich sein."

Das ist die Lektion vom Licht in der Glühbirne und den vielen Lagen Stoff, die sie umhüllen. Nimm diese Lektion an – mach sie Dir zu Eigen und der Friede wird Deiner sein!

Das Gewissen ist also die Göttliche Stimme, wie sie durch die Begrenzungen der menschlichen Natur hindurch gehört wird. Oder anders gesagt: Das Gewissen ist das Resultat aus bisherigen Erfahrungen und dem Entwicklungsgrad des Menschen in Kombination mit der Wahrnehmungsfähigkeit des Spirituellen Lichtes. Der Mensch hat im Laufe seiner Entwicklung von seinen Erfahrungen profitiert – er hat neue Wertvorstellungen entwickelt – die Bedürfnisse seiner wachsenden Seele erkannt – hat gefühlt, wie neue Impulse, die ihn zu Höherem führten, in ihm aufstiegen und er hat seine Beziehung mit anderen Menschen und der gesamten Menschheit erkannt. All das sind die Begleiterscheinungen des seelischen Wachstums. Jede Wachstumsphase führt zu einem höheren Konzept von dem was „richtig" ist und erfordert höhere Ideale. Angesichts dieses höchsten Ideals fühlt der Mensch was „richtig" ist, selbst dann, wenn er nicht immer danach lebt. Das Spirituelle Licht scheint auf den höchsten Gipfel der momentanen Wertvorstellungen und wird so für die Seele zum erkennbaren Ziel, das es zu erklimmen gilt. Dieser angestrahlte Gipfel verleiht dem Menschen Motivation und Kraft, sein Ziel zu erreichen. Es ist das Höchste, was er wahrnehmen kann. Die Wahrheit ist allerdings, dass, je höher er den Berg hinaufsteigt, auch das Licht höher steigt und immer höhere Gipfel, von denen er bislang nichts geahnt hatte, vor seinen Augen erscheinen. Sobald er sein Ziel erreicht hat, erkennt er, dass er gerade erst den Hügel am Fuß des Berges erklommen hat und dass sich über ihm, höher und höher, die Spitzen der wirklichen Berge erheben, die an ihrem höchsten Punkt vom Spirituellen Licht hell erleuchtet werden. Es gibt Intelligenzen, deren Aufgabe es ist, in Höhen vorzudringen, die für uns noch gänzlich unsichtbar sind und auf der anderen Seite sind die Ziele jener, die hinter uns gehen, von uns längst erreicht und überschritten worden. Wir sollten diese Dinge also beachten und richtig verstehen, wenn wir uns ein realistisches Bild von den Handlungen und Idealen und vom „Gewissen" anderer Menschen machen wollen. Wir müssen damit aufhören, andere zu verdammen. Unsere Pflicht anderen gegenüber besteht nicht darin, auf sie herabzusehen, weil sie unser höheres Stadium noch nicht erreicht haben, sondern darin, ihnen den Weg zu weisen, indem wir frohe Botschaften der Hoffnung und Freude überbringen. Das ist es, was die älteren Brüder und Schwestern für uns machen – machen wir dasselbe für jene, die auf dem Pfad hinter uns gehen.

Zusammenfassend möchten wir Eure Aufmerksamkeit darauf lenken, dass das Gewissen nur eine der Säulen des Dharma darstellt. Es ist eine bedeutende Säule, aber nicht die einzige dieses Gebäudes. Es muss ernsthaft in Betrachtung gezogen werden, unfehlbar ist es aber nicht. Es weist uns zwar auf das Höchste hin, was wir sehen können; es ist aber weder gesagt, dass dieser Punkt der höchste ist, noch dass wir uns mit dem zufriedengeben müssen, was wir sehen. Das hinter dem Gewissen liegende, ist unfehlbar und Absolut, das Gewissen selbst ist jedoch fehlbar und relativ, aufgrund unseres unvollständigen Wachstums und wegen der begrenzenden Schichten, die verhindern, dass das Licht auf unsere Seelen scheint. Doch lasst uns ungeachtet dessen, dem Licht entgegensehen und ihm folgen.

Sagen wir es mit dem alten Hymnus unserer Kindertage:

„Führe Du, mein Licht, mich sanft durch schwerste Stunden. Die Nacht ist dunkel, dem Heim bin ich fern; Führe Du mich. Lenke Du meine Füße; ich frage nicht, was in der Ferne mich erwartet; begnüge mich mit einem Schritt. Führe Du mich."

Die dritte Säule des Dharma ist die Theorie der Nützlichkeit, wie bereits im vergangenen Kapitel besprochen wurde. Obwohl diese Theorie für sich allein stehend als zu schwach angesehen wird, erkennt Dharma den Wert der Nützlichkeit als tragende Säule an. Die Gesetzgebung mit ihren nachgeordneten Verordnungen, Statuten und Paragraphen etc. beruht fast ausschließlich auf der Basis der Nützlichkeit, obwohl manche Verfasser den Anschein erwecken wollen, sie beruhe auf Göttlichen Geboten. Gesetze sind das Resultat der Bemühungen, einen Verhaltenskodex zu erstellen, der den Anforderungen der Menschheit gerecht wird. Gesetzgebung ist eine evolutionäre Angelegenheit. Veränderung, Wachstum und Entfaltung sind von Beginn an bestimmende Faktoren und werden es auch in Zukunft sein, denn Gesetze sind fehlbar und keineswegs absolut. So wie das Gewissen dem Wachstum der Menschen immer einen kleinen Schritt voraus ist, hinken die Gesetze diesem Entwicklungsgrad immer einen kleinen Schritt hinterher. Das Gewissen weist auf die nächst höhere Stufe hin, während sich Gesetze auf bereits bestehende Bedürfnisse beziehen und erst dann erlassen werden, wenn ihre Notwendigkeit bereits klar erkannt wurde. Gesetze bleiben außerdem noch lange (manchmal sehr lange) in Kraft, nachdem sie ihre Notwendigkeit bereits verloren haben. Ein Gesetz ist das Resultat der durchschnittlichen Intelligenz einer Bevölkerung unter dem Einfluss des durchschnittlichen „Gewissens" dieser Bevölkerung. Die Intelligenz erkennt wachsende Bedürfnisse und ist bestrebt, durch Gesetze das „Falsche" oder mögliche „Falsche" zu kurieren. Das Gewissen wiederum empfindet manche geltenden Gesetze als ungerecht, unzumutbar oder belastend und ist um

Aufhebung, Veränderung, Verbesserung oder um den Ersatz durch andere Gesetze bemüht, die den neuen Bedürfnissen der Menschen besser entsprechen. Manchmal werden korrupte Gesetze von berechnenden und skrupellosen Menschen mithilfe unmoralischer Gesetzgeber eingeführt; es gibt falsche Auslegungen durch bestechliche und gewissenlose Richter; Missverständnisse bei der Erstellung, Interpretation und Durchsetzung sind ebenso ein Thema. Das alles ist eine Folge davon, dass der Mensch und seine Gesetze fehlbar sind und nicht absolut. Doch wenn wir den Durchschnitt der geltenden Gesetze eines Landes betrachten – in ihrer Erstellung, Interpretation und Durchführung – lässt sich daran das durchschnittlich höchste Niveau ablesen, das der Bevölkerung derzeit entspricht. Wenn ein Volk bzw. der Durchschnitt der Bevölkerung einem Gesetz entwachsen ist, wird es abgeschafft werden und wenn dieser Durchschnitt ein neues Gesetz fordert, wird es auch in Kraft treten – früher oder später. Gesetzesreformen bewegen sich zwar langsam, doch kommen sie schlussendlich und liegen genau genommen gar nicht so weit hinter der durchschnittlichen Intelligenz der Bevölkerung. Natürlich sind die Gesetze in den Augen derer, die schon weiter fortgeschritten sind, sehr fehlerhaft und ungerecht – gleiches gilt für jene, aus anderen Gründen zwar, die weniger reif als der Durchschnitt sind. Für die einen sind die geltenden Gesetze immer unvollkommen, da sie weder den wahren Anforderungen an Gerechtigkeit, noch den Bedürfnissen der Menschheit wirklich entsprechen, für die anderen, weil sie ihre eigenen ethischen Vorstellungen übertreffen. Aber im Großen und Ganzen repräsentieren die Gesetze eines Landes in hohem

Maße die Bedürfnisse, Ideale und die Intelligenz der durchschnittlichen Bevölkerung. Im Laufe des Wachstums der Menschheit werden Gesetze angepasst und verändert, da der Mensch es ist, der diese Veränderung veranlasst, indem er ihre Unvollkommenheit erkennt.

Manche Denker waren der Auffassung, dass die ideale Lösung für dieses Problem eine „Absolute Monarchie mit einem Engel auf dem Thron" wäre, während andere Philosophen eine Gesellschaft vor Augen hatten, deren Intelligenz und Spiritualität so weit entwickelt ist, dass Gesetze ohnehin abgeschafft würden, da sie nicht mehr als eine Unverschämtheit darstellen würden, weil solche Menschen keinerlei Gesetze benötigen, da jeder sein eigenes Gesetz wäre und in einer Gesellschaft von idealen Individuen folglich auch ideale Gerechtigkeit herrschen würde. Beide Konzepte würden allerdings „Perfektion" voraussetzen, entweder auf der Seite des Herrschenden, oder auf der Seite der Gesellschaft. In der Realität werden die Gesetze eines Landes aber vom Durchschnitt der Menschen sowohl verlangt als auch gebilligt. Das gilt für ein autokratisch regiertes Land ebenso, wie für demokratische Länder, denn früher oder später wird sich der wirkliche Wille des Volkes Gehör verschaffen. Jedes Joch sucht einen gebückten Nacken, der es trägt; eine Gesellschaft, die ihrem Joch entwachsen ist, wird es abwerfen. Bedenke, dass wir hier nicht von Individuen, sondern vom Durchschnitt einer Bevölkerung sprechen. Üblicherweise widerspiegelt also die Gesetzgebung eines Landes die Bedürfnisse seiner Durchschnittsbürger. Sie repräsentiert das derzeitige Verständnis und daher auch die momentanen Bedürfnisse des durchschnittlichen Menschen, die sich aber vielleicht schon morgen verändern werden. Gesetze sind fehlbar und unvollkommen, aber in ihrer Funktion als Säulen des Tempels der Ethik notwendig. Sie stellen ein allgemeines ethisches und in eine temporäre Form gebrachtes Konzept dar, das ihre Aufgabe als Richtlinie erfüllt. Jedes Gesetz ist ein Kompromiss und stellt für manche auch eine Last dar. Die Theorie lautet: „Der größte Nutzen für möglichst viele". Die Vertreter der Utilitarier heben hervor, dass der Mensch etwas als „falsch" bezeichnet, sobald es ihm selbst Schmerz oder Schaden zufügen würde. Der Mensch möchte beispielsweise nicht ermordet oder beraubt werden und entwickelt dadurch die Idee, dass Mord und Raub Verbrechen sind und erlässt Gesetze zu deren Verhütung und Verfolgung. Er ist einverstanden, selbst keinen Mord oder Raub zu begehen, wenn er im Gegenzug auch selbst vor diesen Verbrechen geschützt wird. Aufgrund der allgemeinen Übereinkunft, diese Dinge als „schlecht" anzusehen, in Kombination mit den entsprechenden gesetzlichen Bestimmungen, wird ihm dieser Schutz gewährt. In derselben Weise bewertet die Gesellschaft die Vernachlässigung von Kindern durch ihre Eltern als „schlecht". Dieses Gefühl von Moral bewirkt daher ebenfalls eine Gesetzgebung, die dieses Vergehen verhüten soll und gegebenenfalls unter Strafe stellt. Und so weiter, und so weiter – so lautet also die Argumentation der Utilitarier. Sie erweist sich als durchaus korrekt, ist doch die Rechtsgeschichte einer der wesentlichen Repräsentanten des wachsenden Verständnisses von richtig und falsch. Es gibt aber mehr als die eigennützige Sichtweise (wobei auch Eigennützigkeit im passenden Kontext durchaus in Ordnung ist oder war). Der Utilitarismus übersieht, dass durch die zunehmende Entfaltung der Menschheit die Seele den Schmerz der anderen mehr und mehr zu fühlen beginnt. Sobald dieser Schmerz ein unerträgliches Maß erreicht, erscheinen völlig neue Konzepte von „richtig" und „falsch" und neue Gesetze treten in Kraft, um diesen veränderten Bedingungen gerecht zu werden. Wenn sich die Seele entfaltet, fühlt sie die Nähe zu anderen Seelen. Sie nähert sich der Vorstellung von der Einheit aller Dinge an und obwohl Gefühle und Taten eigennützig sein mögen, sind es doch die Taten eines erweiterten Selbst.

Das Rechtsempfinden des Menschen wächst nicht nur mit seiner Intelligenz, die ihm immer höhere Konzepte einer abstrakten Gerechtigkeit ermöglicht, sondern auch aufgrund der Entfaltung seiner Seele. Er fühlt zunehmend seine Beziehung zu anderen; ihre Fehler und Nöte belasten ihn. Sein Gewissen erweitert sich, seine Liebe und sein Verständnis breiten sich aus. Am Beginn kümmert sich der Mensch nur um sich selbst; die anderen sind „Außenstehende". Dann beginnt er ein bestimmtes Gefühl von „Einssein" zu fühlen – mit seinem Partner, seinen Kindern, Eltern und dann mit seiner ganzen Familie; in weiterer Folge mit seiner Sippe, mit dem Verbund mehrerer Stämme, mit seinem Land, mit andern Ländern der selben Sprache oder Religionszugehörigkeit. Dieses Gefühl erstreckt sich in weiterer Folge auf Menschen derselben Hautfarbe, wird schließlich auf die gesamte Menschheitsfamilie ausgedehnt und erreicht dann alle Lebewesen und alles Beseelte und Unbelebte. In dem Maße, wie das Gefühl des „Einsseins" zunimmt und sich entfaltet, entwickelt der Mensch immer höhere Konzepte von „Gerechtigkeit" und dem was richtig ist. Das ist keine

Frage des Intellekts alleine – Die Strahlen des Spirituellen Geistes werden heller und heller, der Intellekt mehr und mehr erleuchtet. In dem Maße, wie die Erleuchtung zunimmt, wächst das Verständnis von Gerechtigkeit; es breitet sich aus und neue Ideen von "richtig" und „falsch" geben sich zu erkennen. Du siehst also, dass die Ideen der Utilitarier zwar in ihrem Rahmen durchaus korrekt sind, um zu einem umfassenden Verständnis zu gelangen, ist es allerdings notwendig, die höheren Prinzipien des Geistes genauso zu berücksichtigen, wie den Verstand. Das Ideal des Menschen ist das Glück aller Menschen und nicht nur „das Glück der Mehrheit". Er sieht, dass er nicht vollkommen glücklich sein kann, bevor nicht alle glücklich sind. Er erkennt, dass niemandem vollkommene Gerechtigkeit widerfährt, bevor sie nicht allen zuteilwird. Dieses wachsende Etwas in seinem Geist treibt ihn an; er kann nicht erkennen, was es ist (bevor sich seine Augen öffnen), doch verursacht es Unruhe und Unwohlsein und so strebt er weiter voran; ungeschickt und zuweilen töricht stolpert er diesem Unbekanntem entgegen.

Da Ihr nun, liebe Freunde, beginnt diese Dinge zu begreifen, werdet ihr weniger Schmerz erfahren – das Verständnis ist heilsam – und könnt nun etwas abseits stehen und die Probleme der Menschheit in ihrer Beurteilung von „richtig" und „falsch" anders betrachten und erkennen, wie sehr sie unter der quälenden Ungewissheit leidet. Aber hüte Dich davor, diese Dinge klar auszusprechen, bevor man dafür bereit ist. Man wird sich auf Dich stürzen und in der Luft zerreißen, Dich „unmoralisch", „atheistisch", „anarchistisch" und was sonst noch nennen. Lass sie in Ruhe, mit ihren „unfehlbaren" Gesetzbüchern, ihrer Moral und Ethik (die sich über Nacht schon wieder ändern können) – lass sie ihre Gesetze einführen und aufheben; es ist für sie gut und notwendig, um aus ihren Schwierigkeiten herauszufinden. Und wenn sie sich mit ihren roten Schärpen und Ketten schmücken – lass sie, wenn es ihnen gefällt; lass sie auch ihre Brüder und Schwestern missbilligen, wenn diese die Dinge nicht so sehen, wie sie selbst es tun – es ist ihre Natur und Teil ihrer Entwicklung. Aber lass Dich davon nicht beeinflussen – Du weißt, dass dieses veränderliche System der Gesetze, Ethik und Moral Teil des großen Plans der Entfaltung ist und dass jeder Schritt ein Schritt aufwärts und kein Schritt unfehlbar und absolut ist. Du weißt auch, dass ohne die völlige Realisierung der Göttlichen Elternschaft und der Geschwisterlichkeit aller Menschen – ohne die Vorstellung und Realisierung der Einheit vom Allem – kein Frieden und keine Ruhe einkehren kann. Steh also abseits und lass die Kinder spielen. Die lebendige Seele – in ihrer Entwicklung und Entfaltung – gibt Dir den Schlüssel zu diesem veränderlichen System mit seiner Unruhe in die Hand – mit seinen Bemühungen, den menschlichen Nöten mit menschlicher Gesetzgebung beizukommen, einen absoluten Standard von richtig und falsch zu errichten – mit menschlichen, relativen Mitteln – mit Meterstab und Waagschale. Die Menschheit handelt so gut, wie sie kann; jedes Individuum handelt so gut, wie es kann – immer aufwärts geleitet durch das Spirituelle Licht. Halte Dich an das Beste, was Du erkennen kannst, in dem Wissen, dass auch dieses Beste nur einen Schritt in Richtung des wahren Besten darstellt und verdamme jene nicht, deren Bestes nahezu Deinem Schlechtesten entspricht. Verspotte die Gesetze nicht, auch wenn Du ihre Unvollkommenheit erkennst – sie markieren einen notwendigen und wichtigen Schritt in der menschlichen Evolution. So begrenzt, relativ und unvollkommen sie auch sein mögen, sind sie doch das Beste, was die (meisten) Menschen verstehen können und auch brauchen. Bedenke, es gibt nichts Unendliches, Absolutes, nichts Perfektes, außer dem All – dem Einen – dem Absoluten. Bedenke auch, dass sich die Menschheit langsam zu einem Verständnis, einem Bewusstsein und zu einer Identifikation mit diesem Einen entfaltet. Und Du, da Du nun in dieses Verstehen, in dieses Bewusstsein und in diese Wahrnehmung hineinwächst; da Du nun beginnst zu fühlen, was ICH BIN bedeutet, sei Du nun wie der Fels inmitten der tosenden Brandung. Lass die relativen Dinge wie die Wellen an Dich peitschen, aber lass Dich von ihnen nicht ablenken, denn sie können Dir keinerlei Schaden zufügen. Sie können Dich höchstens erfrischen und reinigen, wenn sie wieder ins Meer zurückgespült werden, während Du noch immer stark und ungestört aufrecht stehst. Oder betrachte die Welt wie jemand, der an seinem Fenster steht und beobachtet, wie eine Gruppe kleiner Kinder spielt, streitet, diskutiert, Frieden schließt, Regeln erfindet, Strafen verteilt und Preise verleiht und beobachte dann, wie erwachsene Männer und Frauen genau das Gleiche tun, aber mit so großem Ernst. Schenke ihnen allen Deine Liebe und Dein Verständnis, auch wenn sie Dich und Deinen Blickwinkel nicht verstehen können.

Wir glauben, dass wir klar darlegen konnten, dass die drei wesentlichen Theorien der Ethik – Offenbarung, Gewissen bzw. Intuition und Nützlichkeit, miteinander nicht im Widerspruch stehen, sondern einander vielmehr ergänzen.

Jede hat ihren Anteil an der Wahrheit – jede vermittelt ihre eigene Lektion. Gemeinsam sind sie die tragenden Säulen des Dharma.

Betrachten wir nun Dharma in seiner Gesamtheit. Im vergangenen Kapitel haben wir bereits darüber gesprochen, dass Dharma „richtig handeln" bedeutet, oder um es noch genauer zu definieren: *„Dharma stellt die Regel des Handelns und Lebens dar, die unter den gegebenen Lebensumständen des Individuums den nächsten Entwicklungsschritt dieser individuellen Seele am besten unterstützt."* Und weiter: *„Wenn wir vom Dharma eines Menschen sprechen, dann meinen wir die jeweils höchst stehende Handlungsweise in Anbetracht seines Entwicklungsgrades und der unmittelbaren Bedürfnisse seiner Seele."* Der Student hat mittlerweile die Einsicht gewonnen, dass die Philosophie des Dharma „richtig" und „falsch" als relative Begriffe betrachtet und dass das absolut „Richtige" einzig und allein beim Absoluten liegt. Darüber hinaus existiert so etwas, wie das absolut „Falsche" nicht; der relative Begriff „falsch" bezieht sich entweder auf eine niedrige Vorstellung von dem, was „richtig" ist oder auf eine unzureichende Erfüllung des höchstmöglichen Konzeptes von „richtig" durch die handelnde Person. Kurz gesagt, ist keine Tat für sich genommen absolut „falsch" oder „schlecht", sie ist nur insofern „falsch" oder „schlecht", als sie das höchste Konzept von „richtig", aus der Perspektive des Handelnden oder aus der des Beobachters, verfehlt. Das mag sich vielleicht wie eine gefährliche Lehrmeinung anhören, doch denken wir einen Moment lang darüber nach. Du wirst in Deinem Studium der Geschichte und der

Evolution des Menschen die Beobachtung gemacht haben, dass die höchsten Ideale des Menschen der Frühzeit nur wenig über das Animalische hinausgereicht haben. Es war weder falsch zu töten, noch zu stehlen oder zu lügen. Im Gegenteil – manche Völker verehrten geradezu die Menschen, die so handelten, sofern sich diese Handlungen gegen jene richteten, die außerhalb der eigenen Familie oder des eigenen Stammes standen. Der Einwand gegen das Töten eines Stammesangehörigen war darin begründet, dass der Stamm dadurch in seiner Widerstandsfähigkeit und Kampfkraft geschwächt würde und so nahm die Idee Gestalt an, dass es „falsch" sei, jemanden zu töten, wenn dieser der eigenen Gemeinschaft angehörte; im Bezug auf Angehörige eines fremden Klans, erschien diese Tat aber durchaus richtig und wünschenswert. (Das wirkt aus heutiger Sicht sehr barbarisch, wir finden aber heute immer noch Spuren davon, wenn es sogenannte „Kulturvölker" nach wie vor in Ordnung finden, Menschen anderer Nationen zu töten und ihren Besitz zu erobern, vorausgesetzt, dass diesem Land zuvor der Krieg erklärt wurde. Die Menschen der Frühzeit handelten hingegen ohne Umschweife und warteten nicht lange auf eine Kriegserklärung, das ist der Unterschied.) Der primitive Mensch beging Taten, die wir heute als Verbrechen ansehen, ohne dass er dafür bestraft wurde. Wenn diese Verbrechen gegen jemanden gerichtet waren, der ausreichend weit von der eigenen Sippe entfernt war, wurden nach der damaligen ethischen Auffassung besonders große Verbrechen als besonders „gut" oder „richtig" angesehen. Im Zuge der Evolution wurden immer mehr „richtige" Dinge als „falsch" oder „böse" betrachtet – Hand in Hand mit den von Priestern und Propheten verkündeten „Offenbarungen" – Hand in Hand mit dem Erwachen des „Gewissens", das sich aus der unbewussten Wahrnehmung der Verwandtschaft aller Menschen erhob – Hand in Hand mit der Ausarbeitung der Idee der „Nützlichkeit" und „Öffentlichen Ordnung", die wiederum ihren Ursprung in der intellektuellen Entwicklung der Menschheit hat. Als die Menschheit in ihrer Entwicklung und Entfaltung voranschritt, veränderten sich auch die Ideale und ethische Ansprüche wurden höher. Dinge, die noch ein paar hundert Jahre zuvor, auch in den Augen der „Besten der Besten", ausgesprochen „richtig" und vertretbar waren, werden nun als „schlecht" und niederträchtig bezeichnet. Genauso wird vieles, was für uns heute richtig erscheint, für unsere Nachkommen aber barbarisch, falsch und nahezu unfassbar erscheinen. Eine Lektüre über das Leben im Mittelalter wird Dir zeigen, wie sehr sich die ethischen und moralischen Vorstellungen seither verändert haben. Wir nähern uns nun der Gegenwart an – wie dachte man vor fünfzig Jahren noch über Sklaverei, geschweige denn vor hundert Jahren! *(hier sollte man sich natürlich darüber im Klaren sein, dass dieser Text im Jahr 1904 verfasst wurde. – Anm. d. Übers.)* Wenn Du nun zum Beispiel Bellamy´s „Looking Backward" liest, kannst Du sehen, wie radikal sich die öffentliche Meinung verändern könnte. (Wir erwähnen dieses Buch als bloße Illustration – wir behaupten nicht, dass genau diese Veränderungen stattfinden werden, obwohl wir wissen, dass die Veränderungen, die vor uns liegen, durchaus markant und radikal sein werden.) *(Der utopische Roman „Looking Backward of Life in the Year 2000" von Edward Bellamy aus dem Jahr 1888 handelt von einem jungen Amerikaner, der nach hundertjährigem Schlaf im Jahr 2000 wieder erwacht und die Welt völlig verändert vorfindet. – Anm. d. Übers.)*

Selbst in der Gegenwart sehen wir, wie Menschen in den unterschiedlichen Stadien ihrer Entwicklung auch ganz unterschiedliche Ideale vertreten und es keinen einheitlich festgelegten Standard von „richtig" und „falsch" gibt, der von allen akzeptiert wird. Wir stimmen zwar mit den ethischen „Überschriften" unserer Zeit überein, in den untergeordneten Punkten gehen die Meinungen aber oft deutlich auseinander. Die durchschnittliche Intelligenz und das durchschnittliche Gewissen der Leute werden durch die geltenden Gesetze und die „öffentliche Meinung" repräsentiert, obwohl die Gesetzgebung, wie wir schon ausgeführt haben, dem durchschnittlichen Ideal immer ein wenig hinterherhinkt und das Gewissen wiederum der durchschnittlichen Verhaltensmoral ein wenig voraus ist. Die meisten sind mit den geltenden Gesetzen ihrer Zeit einigermaßen zufrieden, obwohl jene, die durch geltende Bestimmungen zuweilen in ihrem Vorhaben eingeengt werden, sie als zu strikt und als zu visionär in Bezug auf das „Gute" empfinden. In den Augen der Menschen, deren Ideale bereits über dem Durchschnitt der Bevölkerung liegen, sind die geltenden Gesetze wiederum rückschrittlich, absurd, inadäquat, mehr oder weniger ungerecht und mit den Idealen einer fortschrittlichen Ethik nicht in Einklang zu bringen. Nicht nur, dass „gute" Dinge mit der Zeit „schlecht" werden, verlieren auf der anderen Seite auch manche „schlechten" Dinge mit der Zeit ihr „Schlechtes" und werden aus der Perspektive eines erweiterten Wissensstandes sogar als besonders gut und passend angesehen.

Viele Dinge wurden als „tabu" oder „böse" bezeichnet, weil sie mit den Religionsauffassungen oder sozialen Ansichten der Zeit nicht in Einklang zu bringen waren, doch wenn sich die Sitten verändern und religiöse Vorstellungen wachsen, verschwinden auch die „Tabus". Viele dieser „Tabus" wurden bisweilen von Priestern zu deren eigenem Nutzen geradezu erfunden, da sich auf diese Weise ihr eigener Machtbereich vergrößern ließ. Du wirst festgestellt haben, dass die durchschnittliche Intelligenz und das durchschnittliche Gewissen, die mit der Zeit als „öffentlichen Meinung" und Gesetzgebung Gestalt annehmen, vermehrt die Rücksichtnahme des Einzelnen für seine Mitmenschen fordern und darauf drängen, in höherem Maße „freundlich zu sein". Das ergibt sich durch das erwachende Bewusstsein der Verwandtschaft aller Menschen und die wachsende Erkenntnis über das Einssein von Allem (oft ein unbewusstes Wissen). Weiters wirst Du bemerken, dass das Ansteigen des Standards von „richtig" und „gut" dazu führt, dass die „Tabus" schrittweise aus dem Denken und Handeln der Menschen verschwinden. Während die Erwartung an den Einzelnen, „freundlich zu sein", jährlich zunimmt, wird auch ihm selbst zunehmend die Freiheit eingeräumt, ein *„freies Feld für die harmonische Erweiterung seiner Aktivitäten, seiner Vorlieben, seiner Persönlichkeit, also für sich selbst"* zu gewinnen, wie Edward Carpenter es ausdrückte. Blockaden entschwinden, „Tabus" werden entfernt und der Mensch erhält die Gelegenheit, *„sein eigenes Leben furchtlos und freudvoll zu gestalten"*, unter der einzigen Bedingung, dass er das größtmögliche Maß an „Freundlichkeit" gegenüber seinen Brüdern und Schwestern erfüllt.

Diese Idee des Dharma – die Erkenntnis, dass „richtig" und „falsch" relativ und wandelbar sind und keine festen und absoluten Größen darstellen, entschuldigt aber keineswegs (im Kontext eines alten Rechtsverständnisses)„schlechte" oder „falsche" Taten, nur weil sie heute gesetzlich nicht mehr geahndet werden. Ganz im Gegenteil, Dharma bedeutet, nach der jeweils höchstmöglichen Auffassung von „richtig" zu handeln und erwartet, dass der Mensch allein deswegen so agiert, weil es für ihn in diesem Sinne wahrhaft „richtig" erscheint und nicht, weil ein Gesetz es von ihm verlangt. Dharma erwartet richtiges Handeln, selbst dann, wenn die Gesetzeslage dieses hohe Niveau noch nicht erreicht haben sollte. Der fortschrittliche Mensch wird der allgemeinen Vorstellung immer ein wenig voraus sein – niemals hinter ihr zurückliegen. Wenn er etwas als „falsch" ansieht, dann ist es für ihn falsch, auch wenn Gesetze und die öffentliche Meinung seinen hohen ethischen Standpunkt noch nicht erreicht haben. Der fortgeschrittene Mensch wird in seinen Ansprüchen den etablierten ethischen Konzepten immer ein wenig voraus sein.

Die Lehre des Dharma besagt nicht, dass ein Verbrechen, nur weil sich der Täter dessen nicht bewusst ist, auch ohne Konsequenzen bleiben sollten. Menschen, die in der Gesellschaft als „Verbrecher" gelten, verfügen in Wirklichkeit noch nicht über die notwendige seelische und geistige Reife und scheitern selbst an den elementaren Grundlagen der Ethik. Es ist daher naheliegend, dass wir sie daran hindern werden, uns Schaden zuzufügen. Dabei sollte aber nicht die „Bestrafung" im Vordergrund stehen, sondern vielmehr die Besserung und die Verhinderung weiterer Straftaten. Wenn wir in jemandem, der schwere Verbrechen begeht, einen Menschen sehen können, der in seiner seelischen Entwicklung noch auf dem Stand ist, den die meisten Menschen schon längst überschritten haben, werden wir seine Taten aus unserer heutigen Sicht zwar trotzdem als durch und durch „schlecht" bezeichnen, für ihn selbst werden sie aber noch als „gut" gelten. Daher sollten wir sie wie jüngere Brüder und Schwestern behandeln, unwissend und in ihrer Entwicklung hinter uns, aber trotzdem Brüder und Schwestern. Die Regel des Dharma lautet: Jeder Mensch soll sich an dem Besten in ihm selbst orientieren, egal ob dieses „Beste" durch Offenbarung, Intuition bzw. Gewissen oder mittels der Intelligenz und ihrer Anwendung auf die Nützlichkeit entstanden ist. Tatsächlich wurde er zu einem gewissen Grad von allen drei Einflüssen geprägt und sein „Bestes" stellt ein Gemisch aus diesen drei Einflüssen dar. Wenn Du im Zweifel bist, öffne Dich für das Spirituelle Licht und Dein „Bestes" wird unter dem Einfluss dieser Strahlen klar hervortreten. Dieses Beste wird dann Dein Dharma sein. Eine weitere Regel des Dharma verlangt, sich der Kritik am Dharma eines anderen Menschen, der noch nicht so weit fortgeschritten ist, wie man selbst, zu enthalten. Er kann nicht durch Deine Augen sehen, nicht in Deinen Schuhen gehen. Vielleicht lebt er sogar näher an seinem höchsten Ideal als Du – warum verurteilst Du ihn? Bist Du schon so perfekt, dass Du Deinen Standard als den absoluten bezeichnen kannst? Würde Dein höchstes Ideal und Deine beste Handlung neben dem Maßstab des Absoluten bestehen können? Hast Du jemals darüber nachgedacht, dass Du unter denselben Voraussetzungen wie die Deines schwächeren Bruders oder Deiner Schwester, genau das Gleiche tun würdest? Du kannst Dich in ihre exakte Situation gar nicht hineinversetzen, da Du Dich nur als Du selbst erlebst und wenn Du versuchst, Dich an ihrer Stelle zu sehen, wirst Du trotzdem immer nur Dich (mit all Deinen Erfahrungen und gegenwärtigen Errungenschaften) im Fleisch und im Gewand des anderen sehen können. Es ist keineswegs das Gleiche – um genau so zu sein wie sie, müsstest Du all Deine Erfahrungen und gegenwärtigen Fähigkeiten abwerfen und stattdessen die Erfahrungen und Kenntnisse des anderen annehmen. Selbst wenn das möglich wäre, wärst Du dann nicht dieser andere, anstatt Du selbst, und würdest Du dann nicht genauso handeln, wie er? Der aufmerksame Student unserer Ausführungen zu den Schulen der Ethik – den drei Säulen des Dharma – fragt natürlich danach, was dieses Gebäude wohl vollendet – welche ideale Verhaltensweise die Lehre des Dharma für jene bereithält, die bereits dafür empfänglich sind. Was wird der Mensch, der den Aufstieg zum Tempel der drei Säulen gemeistert hat, darin finden? Sehen wir, was das Dharma dazu zu sagen hat. Im Bezug auf die „richtige Handlung" ist aus der Sicht des Dharma der wesentlichste Punkt, dass sich die Seele des Menschen im Zustand der Evolution und Entfaltung befindet. Sie ist in Bewegung, von Stufe zu Stufe – von der untersten bis zur höchsten – von der Vorstellung des Getrenntseins, hin zum Bewusstsein der Einheit. Diese Entfaltung ist das Ziel des Lebens – der Göttliche Plan. Kannst Du sehen, dass alles, was diese Entfaltung vorwärtsbringt, „Gut" oder „Richtig" ist? Dementsprechend ist alles, was diese Entfaltung hintan hält, verzögert oder verhindert, „Böse" und „Falsch". Du kannst natürlich auch die Begriffe „nicht gut" oder „nicht richtig", anstelle von „böse" und „falsch" verwenden oder auch „nicht so gut" und „nicht ganz richtig", wenn Dir das eher zusagt – es ist egal, welche Worte wir gebrauchen, sie beschreiben alle dasselbe. Das „Richtige" und „Gute" unterstützt den Prozess der Entfaltung, während ihn das „Falsche" oder „Böse" verzögert oder verhindert. Für einen Tiger ist es „richtig" blutrünstig und rachsüchtig zu sein, es steht mit seinem Entwicklungsstand nicht im Widerspruch. Wenn ein entwickelter Mensch hingegen in dieses oder in ein ähnliches Stadium zurückfällt, ist es „falsch", da es einen Rückschritt oder Niedergang darstellt. Für eine fortgeschrittene Seele wäre es „falsch", Gefühle wie Hass, Rache, Eifersucht und dergleichen zu hegen, da sie einen Rückschritt in vergangene Stadien darstellen würden und mit dem Wissen und der Intuition dieses Menschen im Widerspruch stehen würden. Wenn wir die Stufen des Tempels des Dharma erklimmen, wird ein Mensch gerade auf der dritten Stufe sein und ein anderer auf der fünften. Wenn der Mensch auf der fünften Stufe zur vierten hinabsteigt, wird es für ihn ein Rückschritt sein, der „falsch" ist, während für den Menschen auf der dritten Stufe, die vierte Stufe einen Fortschritt darstellen und dementsprechend „richtig" sein wird. Das Gesetz der Evolution und Entfaltung führt aufwärts. Alles, was mit diesem Gesetz im Einklang steht, ist wünschenswert und richtig – was dem zuwiderläuft, ist unerwünscht und falsch. Wenn ein Lehrer einen sturen und uninteressierten Schüler unterrichtet, wird er, nachdem er mit ihm hart gearbeitet hat, großes Lob für ihn haben und überaus erfreut sein, sobald dieser auch nur „kleine Fortschritte" macht. Derselbe Lehrer wird aber verzweifeln, wenn einer seiner brillantesten und begabtesten Schüler die gleichen Ergebnisse erzielt, wie der Schüler, den er gerade so gelobt hatte. Beide Aktionen wären ja, aus einem gewissen

Blickwinkel betrachtet, die gleichen – aber von einer breiteren Perspektive aus betrachtet doch so verschieden. Verstehst Du, was gemeint ist? Geht weiter auf Eurem Weg, liebe Freunde und Schüler und lebt nach Eurem Besten.

Lies noch einmal, was wir in der ersten Lektion *(Licht auf dem Pfad – Anm. d. Übers.)* geschrieben haben und lerne *„nach der Quelle des Übels im Herzen Ausschau zu halten und es auszureißen."*

Sei der Dompteur der Bestie in Dir. Lerne, diese Relikte der Vergangenheit abzuwerfen. Lerne, die animalischen Anteile Deiner Natur in Schach zu halten – verweise die Bestie in die Ecke seines Käfigs.

Wachse und entfalte Dich, bis Du die Stufe erreicht hast, wo Du zurückblickst und begreifst, dass Dharma ein Teil Deiner Vergangenheit geworden ist. Dann wirst Du in das Bewusstsein des Wahren Selbst eintreten und die Dinge so sehen können, wie sie sind. Dann wirst Du das Spirituelle Licht ohne die Düsternis der verhüllenden Schichten empfangen.

Erinnere Dich an die Worte aus „Licht auf dem Pfad":
„Verneige Deine Seele vor dem schimmernden Stern, der in ihr leuchtet. Sein Licht wird stetig heller, mit jeder Wahrnehmung und Verneigung wird es stärker. Dann kannst Du annehmen, dass Du den Beginn des Weges gefunden hast. Und dann, wenn Du am Ende des Weges angekommen sein wirst, wird das Licht in einem Augenblick zum unendlichen Licht werden."

Friede sei mit Euch.

Quellennachweis:

Advanced Course In Yogi Philosophy And Oriental Occultism
LESSONS VIII - IX
By Yogi Ramacharaka.
1905 By The Yogi Publication Society
Chicago, Ill.